职业教育汽车专业"十三五"规划系列教材

QICHE DIANQI XITONG LINGBUJIAN CHAIZHUANG YU JIANXIU

汽车电器系统零部件拆装与检修

主 编 马 伟 杨 旭

重庆大学出版社

内容提要

本书根据技工院校一体化教学的"六步骤"教学法进行编写,选取的工作任务都是汽车维修企业典型的工作任务,通过信息收集章节培养学生的专业知识储备能力;通过汽车常见故障诊断方案的制订章节培养学生勤于思考和厘清思路的能力;通过汽车常见故障的方案实施章节培养学生拆装能力和检测能力;通过汽车常见故障的考核章节培养学生解决问题的综合能力,包括5S管理意识、团队合作能力及口头表达能力等。

本书适用于全国技工院校作为一体化教学配套材料,也可作为高职高专实训教材。

图书在版编目(CIP)数据

汽车电器系统零部件拆装与检修 / 马伟,杨旭主编. -- 重庆：
重庆大学出版社,2019.8
职业教育汽车专业"十三五"规划系列教材
ISBN 978-7-5689-1536-6

Ⅰ. ①汽… Ⅱ. ①马…②杨… Ⅲ. ①汽车—电气设备—零部件—装配(机械)—中等专业学校—教材②汽车—电气设备—零部件—车辆修理—中等专业学校—教材 Ⅳ.
①U463.603②U472.41

中国版本图书馆 CIP 数据核字(2019)第 140241 号

汽车电器系统零部件拆装与检修
主 编 马 伟 杨 旭
策划编辑:杨 漫
责任编辑:姜 凤 版式设计:杨 漫
责任校对:张红梅 责任印制:赵 晟

*
重庆大学出版社出版发行
出版人:饶帮华
社址:重庆市沙坪坝区大学城西路 21 号
邮编:401331
电话:(023) 88617190 88617185(中小学)
传真:(023) 88617186 88617166
网址:http://www.cqup.com.cn
邮箱:fxk@ cqup.com.cn(营销中心)
全国新华书店经销
重庆巍承印务有限公司印刷

*
开本:787mm×1092mm 1/16 印张:10 字数:225 千
2019 年 8 月第 1 版 2019 年 8 月第 1 次印刷
ISBN 978-7-5689-1536-6 定价:39.00 元

　　本书是在习近平新时代中国特色社会主义思想指导下，落实学科建设新要求，以提高技工院校一体化教学效果为出发点，结合一体化教学理念及技工院校学生的特点编写而成。教材的章节安排符合循序渐进的特点，让学生从汽车企业典型工作任务为情境来接受学习任务，然后针对汽车典型的故障进行信息收集、制订方案、方案修改、方案实施、评价反馈和总结提升来学习，让学生真正实现"做中学，学中做"。

　　本书涵盖了汽车电器的主要内容，包括汽车启动系统的检修、汽车充电系统的检修、汽车灯光系统的检修、汽车雨刮系统的检修、汽车电动车窗系统的检修、汽车中控门锁系统的检修、汽车电动后视镜系统的检修。本书的侧重点主要是培养学生对汽车电器系统的零部件和总成的拆装与检测能力，在考核方面除了检查学生的动手能力以外，还要考核学生的团队合作能力、沟通表达能力、5S 管理意识等。

　　本书学习任务一、任务二由马伟、杨森梁编写；学习任务三、任务四由马伟、张法智编写；学习任务五、任务六由杨旭、李胜坚编写；学习任务七由杨旭、马伟编写。在编写过程中，参考了大量的文献资料，在此，向这些作者表示诚挚的谢意。

　　由于编者水平有限，书中疏漏之处在所难免。恳请广大读者提出宝贵的意见和建议，以便在修订时更好地完善。

编　者

2018 年 4 月

CONTENTS 目 录

 学习任务一 | 汽车启动系统的检修

【学习目标】

- 能正确操作点火开关,检查汽车是否能正常启动;
- 通过查阅保养手册或维修手册,能找出汽车启动系统各零部件或总成的位置;
- 通过查阅保养手册或维修手册,能列举出汽车启动系统各零部件或总成拆装的步骤、注意事项;
- 能规范实施汽车启动系统各零部件或总成拆装与更换;
- 能完成工作页和维修工单的填写。

【任务分解】

- 就车拆装起动机;
- 起动机的分解;
- 起动机的检修。

【教学活动】

活动一　汽车启动系统信息收集

活动二　汽车启动系统的检查

活动三　汽车起动机不工作故障诊断方案的制订

活动四　汽车启动系统零部件的拆装与更换

活动五　考核评价

【建议课时】

20 课时。

【情境引入】

维修前台接到客户张先生电话,反映汽车启动系统出现故障,发动机不能正常启动,经技术人员确定是汽车启动马达内部故障导致的,请查看维修手册,在规定的时间内完成对汽车马达的更换,完成后交付班长验收。

活动一　汽车启动系统信息收集

【学习目标】

- 能正确操作汽车点火开关检查汽车启动系统工作是否正常;

- 通过查阅保养手册或维修手册,能找出汽车启动系统各零部件或者总成的位置;
- 能描述汽车启动系统的作用和列举汽车启动系统的组成。

【学习准备】

汽车启动系统台架、实训整车、维修手册、多媒体设备、互联网资源。

【建议课时】

4 课时。

【学习过程】

〈学生信息页〉

一、汽车启动系统知识储备

汽车启动系统一般由蓄电池、点火开关、启动继电器、起动机以及连接线路等组成(图 1-1)。

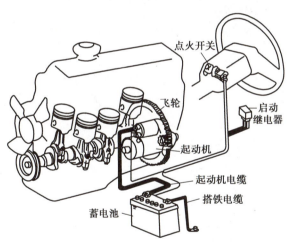

图 1-1　汽车启动系统组成示意图

汽车点火开关一般有 LOCK,ACC,ON,ST 4 个挡位,其中 LOCK 挡具备方向盘锁止功能;ACC 挡是附件挡,这个挡位主要用于音响和收音机功能;ON 挡是全车供电挡,这个挡位汽车大部分用电器都可以工作;ST 挡是启动挡,这个挡位用于汽车的启动,松手后挡位后自动弹回到 ON 挡。启动时要保持在启动挡 3~5 s,以便完成汽车的启动(图 1-2)。

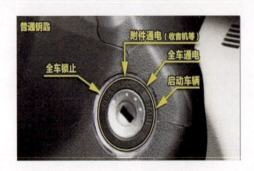

图 1-2　点火开关功能

　　不同于传统的机械钥匙点火方式和传统启动程序,只要轻轻按下启动按钮键即可实现启动、熄火,避免了丢钥匙、找钥匙的烦恼,在点火过程中需要踩下制动踏板(图 1-3)。

图 1-3　一键启动点火开关

　　励磁起动机指的是内部电动机的定子是线圈做的,通电产生的磁场起动机(图 1-4)。

图 1-4　励磁起动机

　　永磁起动机指的是内部电动机的定子是永久磁铁做的起动机(图 1-5)。

图 1-5 永磁起动机

起动机一般由电磁开关、直流电动机、传动机构 3 个部分组成(图 1-6)。

图 1-6 起动机的组成

电磁开关有 3 个接线柱,分别是 30,50,M(图 1-7)。30 接线柱内部有两个线圈,分别为吸引线圈和保持线圈。

图 1-7 电磁开关

直流电动机主要由 3 个部分组成,分别是转子、定子、电刷等(图 1-8)。

图 1-8 直流电动机

单向离合器的作用是保证起动机的电动机带动飞轮转动,而当飞轮转速超过电动机转速,带动电动机转动时就打滑,从而保护电动机(图 1-9)。

图 1-9　单向离合器

齿轮减速机构的作用是减速增大扭矩,增大起动机的启动功率(图 1-10)。

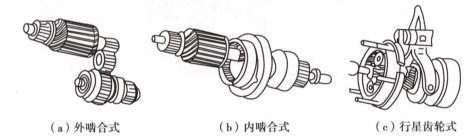

（a）外啮合式　　　　　（b）内啮合式　　　　　（c）行星齿轮式

图 1-10　齿轮减速机构

免维护蓄电池的优点是不需要维护;缺点是和普通蓄电池相比,价格比较贵(图1-11)。

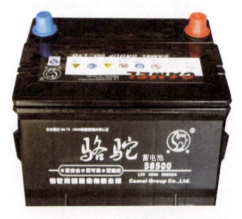

图 1-11　免维护蓄电池

普通蓄电池的优点是价格相对比较便宜;缺点是需要定期添加蒸馏水(图 1-12)。

图 1-12　普通蓄电池

　　蓄电池有两个主要的参数,分别是蓄电池电压和蓄电池容量,图 1-13 中蓄电池的容量为 82 A·h,A 代表安培,h 代表小时。

产品品牌:**瓦尔塔蓄电池（银标）**

产品型号:**82-20**

容　　量:**82 A·h**

参考质量:**22 kg**

低温启动电流:**640 CCA**

产品尺寸:**310 mm × 172 mm × 188 mm（长×宽×高）**

图 1-13　蓄电池参数

　　起动机有两个主要的参数,分别是工作电压和启动功率,图 1-14 中起动机的工作电压为 12 V,起动功率为 5 kW。

型号:**QDJ1315CD**

电压:**12 V**

功率:**5.0 kW**

齿数:**12**

适用机型:**上海495、南昌2105**

图 1-14　起动机参数

二、汽车启动系统零部件位置

1.蓄电池

　　汽车蓄电池一般安装在发动机舱前部,目前一些新能源汽车的蓄电池安装在汽车的行李箱中(图 1-15)。

图 1-15　蓄电池

2.起动机

汽车起动机安装在发动机飞轮附近(图 1-16)。

图 1-16　起动机

3.启动继电器

汽车启动继电器一般安装在发动机舱保险丝继电器盒中(图 1-17)。

图 1-17　启动继电器

4.启动系统保险丝

汽车一般有两个保险丝继电器盒,一个在发动机舱中,另一个在车内仪表台下方(图 1-18)。

图 1-18　启动系统保险丝

三、汽车启动系统检测仪器

1.小型蓄电池充电机

小型蓄电池充电机可以给蓄电池充电,也可以给两个串联在一起的蓄电池充电(图1-19)。给蓄电池充电时,电压选择开关要打到 12 V;给两个串联在一起的蓄电池充电时,电压选择开关要打到 24 V。

图 1-19　小型蓄电池充电机

2.大型蓄电池充电机

大型蓄电池充电机除了可以给蓄电池充电外,还有一个功能就是可以用于启动,当汽车蓄电池缺电时可以用大型蓄电池充电机应急启动(图1-20)。

图 1-20　大型蓄电池充电机

3.蓄电池比重计

蓄电池比重计可以用来检测蓄电池的密度(图1-21)。

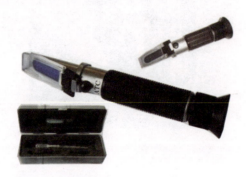

图1-21　蓄电池比重计

4.蓄电池放电测试仪

蓄电池放电测试仪可以用来检测蓄电池性能,根据检测的结果可以判断蓄电池的电量是否充足、是否需要充电、是否需要更换(图1-22)。

图1-22　蓄电池放电测试仪

〔学生工作页〕

一、根据实训车辆,查找启动系统零部件的位置

检测项目	位置查找		位置描述
点火开关	□找到	□找不到	
启动继电器	□找到	□找不到	
起动机	□找到	□找不到	
蓄电池	□找到	□找不到	
启动系统保险丝	□找到	□找不到	
蓄电池的搭铁点	□找到	□找不到	

二、查阅相关资料,回答下列问题

　　1.一键启动点火开关(图1-23)与普通点火开关的区别是什么?

图1-23　一键启动点火开关

　　2.自动挡汽车启动(图1-24)与手动挡启动的区别是什么?

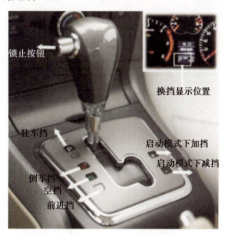

图1-24　自动挡汽车启动模式

　　3.发动机舱的保险丝盒(图1-25)主要控制哪些汽车电气设备?

图1-25　发动机舱的保险丝盒

4.仪表盘下方的保险丝盒(图 1-26)主要控制哪些汽车电气设备?

图 1-26　保险丝盒

活动二　汽车启动系统的检查

【学习目标】

- 能使用万用表对汽车启动系统零部件进行检测;
- 能查找维修手册,对比标准数据判断启动系统零部件的好坏;
- 能读懂简单的汽车启动电路图。

【学习准备】

汽车启动系统台架、实训整车、维修手册、多媒体设备、互联网资源。

【建议课时】

4 课时。

【学习过程】

〈学生信息页〉

一、汽车启动系统电路图(图 1-27)

简单的汽车启动系统主要由汽车蓄电池、点火开关、起动机以及连接的线路等组成。

二、汽车起动机的组成

启动机俗称"马达",一般由直流电动机、单向传动机构、操纵机构三大部分组成,如图 1-28 所示。

直流电动机是将电能转换为机械能的装置,其作用是产生发动机启动时所需要的电磁

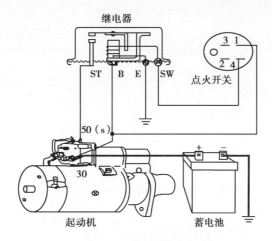

图 1-27　汽车启动系统电路图

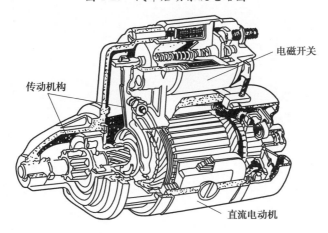

图 1-28　汽车起动机的组成

转矩。

单向传动机构的作用是在发动机启动时,驱动小齿轮与飞轮齿圈啮合,将起动机电磁转矩传递给曲轴;在发动机启动后,驱动小齿轮和直流电动机之间通过单向离合器的作用切断动力传递路径;启动完毕时,驱动小齿轮与飞轮齿圈自动脱离啮合,起动机保持静止状态。减速型起动机单向传力机构还带有齿轮式减速机构,起减速增矩的作用。

操纵机构的作用是接通或切断起动机与蓄电池之间的主电路,并产生驱动拨叉的电磁力。有些起动机控制机构还有副开关,能在启动时将点火线圈附加电阻短路,以增大启动时的点火能量。

【拓展学习】

本田雅阁汽车启动系统电路如图 1-29 所示,比图 1-27 汽车启动系统电路多了一个离合器或一个空挡启动开关,这就说明汽车启动时要踩下离合器踏板或将变速器挡位置于 P/N 挡,起动机才能正常运转。

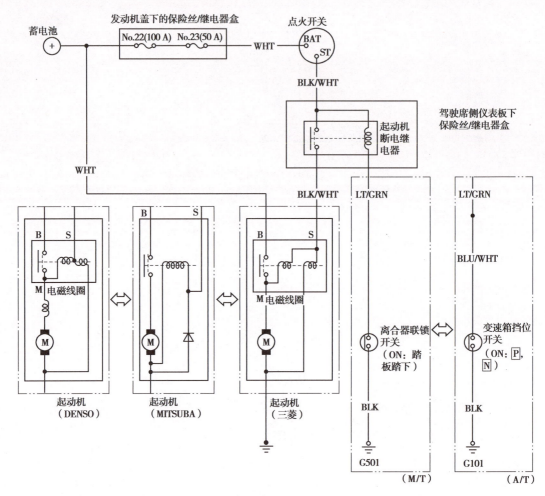

图 1-29　本田雅阁汽车启动系统电路图

〈学生工作页〉

一、根据汽车简单启动电路图,填写汽车起动机端子名称

名　称	选　择	图　例
常电接线柱	□30　□50　□M	
电动机接线柱	□30　□50　□M	
励磁接线柱	□30　□50　□M	

二、蓄电池的检查

检查项目	数据填写	图　例
蓄电池电压测量		
蓄电池容量查找		
蓄电池放电能力检查		
蓄电池液面检查		
蓄电池密度检查		

三、蓄电池的更换

拆卸步骤	图　例
①拆卸蓄电池正负电极绝缘盖	
②拆卸蓄电池电池头	
③拆卸蓄电池固定支架,取下蓄电池	
④取下旧蓄电池	
安装步骤	**注意事项**
①	
②	
③	
④	

四、汽车启动系统保险丝和继电器的检查,填写检查的结果

1.保险丝的检查	规格	
	好坏判断	
	更换要求	
2.继电器的检查	继电器线圈电阻测量	
	继电器通电试验(画出试验接线图)	
3.起动机励磁电压检测	点火开关打到启动挡时,起动机励磁端子电压测量	

五、根据实训车辆,绘制汽车启动系统电路图,并标出电流的路径

活动三　汽车起动机不工作故障诊断方案的制订

【学习目标】

- 通过查阅保养手册或维修手册,能正确准备相关维修用具;
- 通过查阅保养手册或维修手册,能做好维修场地的准备工作;
- 通过查阅保养手册或维修手册,能找出汽车启动系统各零部件或总成拆装的步骤及注意事项;
- 能正确填写汽车维修工单。

【学习准备】

汽车启动系统台架、实训整车、维修手册、多媒体设备、互联网资源。

【建议课时】

4 课时。

【学习过程】

〈学生信息页〉

一、汽车故障诊断过程记录单

故障描述		
诊断项目	检查数据记录	备　注
1.故障确认及原因分析		写出故障点的范围
2.基本检查		检查电插头是否松动、电池电量是否充足等
3.部件测试		对可疑零部件(保险丝、继电器等)进行检查,并记录检查数据
4.线路测量		检查故障系统线路是否存在短路或者断路
5.诊断结果		根据检查的数据判断故障点,并写出处理意见

记录单填写说明:

①故障描述:把汽车启动系统存在的具体故障描述出来,如起动机不转、起动机运转无力、起动机空转等。

②故障确认及原因分析:对故障汽车启动系统进行试车后确定故障点大致的范围。

③基本检查:对汽车启动系统在不使用检测设备和仪器的前提下,通过看、听、摸等方式进行的检查,包括检查电插头是否松动、电池电量是否充足等。

④部件测试:对汽车启动系统可疑部件进行检查,可使用各种检测方法,如替换法、动作测试等进行检测。

⑤线路测量:检查汽车启动系统线路是否存在短路或者断路。

⑥诊断结果:根据检查的数据判断故障点,并写出处理意见,填写维修工单。

二、汽车起动机不工作的原因分析

汽车起动机不工作的原因主要有:

①汽车起动机损坏;

②汽车启动保险丝烧断;

③汽车启动线路故障;

④汽车空挡开关损坏;

⑤汽车启动继电器损坏。

〈学生工作页〉

一、汽车起动机不工作故障诊断流程的制订

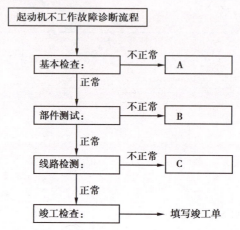

汽车起动机不工作故障诊断流程填写说明：

A:填写基本检查的具体项目,并记录检查的数据和写出处理意见。

_____

_____

B:填写部件测试的具体项目,并记录检查的数据和写出处理意见。

_____

_____

C:填写线路检查的具体项目,并记录检查的数据和写出处理意见。

_____

_____

按照制订的汽车起动机不工作故障诊断流程,实施诊断,并完成A,B,C(过程性指标的填写)后,汇总诊断结果并填写维修工单,维修工单主要包括车主汽车的基本信息、故障描述、报修内容以及配件的名称、型号、数量和价格。

二、填写汽车维修工单

汽车维修工单

地址：_____　　电话：_____

客户姓名：_____　　联系电话：_____

车牌号：_____　　发动机型号：_____

底盘号：_____

行驶里程：_____km　　车型：_____

预约时间：_____年___月___日　　　　进厂时间：_____年___月___日

维修时间：_____年___月___日　　　　交车时间：_____年___月___日

接车员：_____　　维修技师：_____

客户描述					
报修项目					
所需配件	配件名称	配件型号	单位	数量	金额
备注	客户在将车辆交与我公司检查或维修时,已将随车贵重物品收起并由客户自行保管,如有遗失,本公司不承担任何责任。				

维修内容确认方式:电话_____　当面_____

客户签字：_____

活动四　汽车启动系统零部件的拆装与更换

【学习目标】

● 能根据制订的汽车启动系统零部件更换方案正确选用工量具,对汽车启动系统的故障零部件(起动机、点火开关等)进行就车拆卸;

● 能正确填写维修工单以及维修过程记录单。

【学习准备】

汽车启动系统台架、实训整车、维修手册、多媒体设备、互联网资源。

【建议课时】

8 课时。

【学习过程】

〈学生信息页〉

一、起动机的拆卸

起动机的拆卸步骤如图 1-30 所示。

①蓄电池断电。

②拆卸起动机励磁端子。

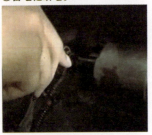
③拆卸起动机常电接线柱。

④举升汽车。

⑤拆卸起动机固定螺丝。　　　　　⑥取下起动机。

图 1-30　起动机的拆卸步骤

备注:在拆卸开始前,首先要拆卸发动机的一些附件,例如,空气滤清器和进气管等保障拆装的顺利进行。

二、起动机的分解

起动机的分解步骤如图 1-31 所示。

①拆卸电磁开关连接线。　　　　　②拆卸电磁开关固定螺丝。

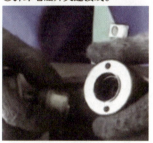 

③取下电磁开关总成。　　　　　④拆卸后端盖固定螺丝。

⑤取下后端盖和电刷架。　　　　　⑥分离转子和定子总成。

⑦拆卸减速机构。

⑧拆卸传动机构。

⑨拆卸完成后，摆放好零部件。

图 1-31　起动机的分解步骤

备注：组装汽车起动机按照拆卸相反的顺序完成，安装原则是先拆的后装，后拆的先装。

三、起动机的检测

起动机的检测步骤如图 1-32 所示。

①转子导通性检查。

②转子绝缘性检查。

③电磁开关线圈的检查。

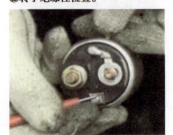
④电磁开关的检查。

图 1-32　起动机的检测步骤

备注：在汽车起动机零部件的检测过程中，注意规范使用万用表，选择合适的挡位和量程。

〈学生工作页〉

一、结合实训车辆和信息页提示回答问题

检查项目		检查方法	检查结果
电磁开关检查	保持线圈	50 与外壳	
	吸引线圈	50 与 M	
	接触情况	30 与 M	
电刷总成	电刷长度	测量长度	
	电刷接触情况	检查与转子接触情况	
定子总成	定子线圈	检查是否短路、断路	
转子总成	转子线圈	检查是否短路、断路	

二、根据起动机拆卸步骤回答问题

起动机拆卸步骤：

①断开蓄电池负极。

②拆下起动机"常电"接线柱和"励磁"电插头。

③拆卸起动机固定螺丝(备注:可能要拆下其他部件)。

请在横线处写出起动机的安装步骤：

①_____

②_____

③_____

三、请列举起动机的保养项目

①换向器：_____

②电刷：_____

活动五　考核评价

【考核内容】

- 汽车启动系统理论认知的考核；
- 汽车启动系统实操能力的考核；
- 5S 管理意识的考核；
- 团队合作能力的考核；
- 口头表达能力的考核。

【建议课时】

4 课时。

【考核过程】

课程名称	汽车电气维修	学生姓名	
学习任务	汽车起动机不工作	班　级	

【情境描述】

一辆丰田花冠(COROLLA)自动挡轿车,使用了将近 3 年,行驶里程已达 88 000 km。车主反映,该车在车库突然无法启动,经技术人员确定是启动系统故障导致的。

【任务要求】

1.分析并选择汽车无法启动的可能原因。

选择汽车无法启动故障的可能原因,请在你所选的故障原因选项方格内打"√"。（20 分）

□启动继电器损坏　　　□点火开关损坏　　　□启动系统线路故障

□蓄电池电量不足　　　□保险丝损坏　　　　□火花塞损坏

□汽油泵损坏　　　　　□起动机内部故障

2.绘制汽车无法启动诊断流程图,并列举使用的维修工具和检测仪器。

◎列举维修工具和检测仪器。（10 分）

_____

◎汽车无法启动诊断流程图(包括诊断的方法和处理措施)。（60 分）

3.结合起动机不工作故障,给车主提出合理的驾驶或保养建议。（10 分）

_____

_____

一、启动系统作业记录表

学生姓名		班 级	
车辆信息 车辆型号		里程表/km	
车辆识别代码（VIN）			
发动机型号			

项　目	操作提示	填写检测结果或者数据
1.维修准备	检测小组进行合理分工	
2.工量具准备	常用和专用工具的准备	
3.安全检查	油、水、电的检查	
4.故障现象确认	主要检查仪表盘的报警灯	
5.确定故障范围	列举故障产生的原因	
6.基本检查	对故障系统进行初步检查	
7.部件测试	对被怀疑的部件进行部件测试,须注明元件名称/插接件代码、针脚编号和测量结果	
8.电路测量	对被怀疑的线路进行测量,须注明插件代码和编号,控制单元针脚代号以及测量结果	
9.故障部位确认和排除	根据上述所有检测结果,确定故障内容并注明: ①确定的故障是：_____ ②故障点的排除处理说明：_____	
10.竣工检查	维修后确认功能并填写结果	
11.5S 管理	维修完成后整理工具和设备	

二、启动系统考核评分标准

评价项目	评价内容	分值/分	评分标准	得分/分	小计分数	扣分原因
	课程名称		汽车启动系统的检修			
	学习任务名称 汽车起动机不工作		学生姓名			
专业能力	汽车启动系统零部件位置查找	5	每漏一项扣1分			
	启动继电器的检查	5	检查方法不正确不得分			
	保险丝的检查	5	检查方法不正确不得分			
	启动线路的检查	5	检测思路不清晰酌情扣分			
	起动机整体更换	5	流程不规范每项扣1分			
	起动机的分解	10	每漏一项扣1分;操作不规范每项扣1分			
	起动机的检查	10	流程不正确每项扣1分;操作不规范每项扣1分			
	蓄电池的检查	5	操作不规范每项扣1分			
	油、水、电的安全检查	5	每漏一项扣1分			
	维修前的工量具准备	5	每漏一项扣1分;操作不规范每项扣1分			
通用能力	能读懂任务书,与客户或维修主管进行有效沟通,记录关键内容,整理客户需求	5	没有沟通扣2分;沟通不到位扣1分;无记录扣2分			
	能查阅相关维修资料,获取汽车起动机不工作的维修等信息	5	没有查阅扣3分,查阅方法不对扣2分			
	能从满足客户功能需求、使用价值和企业工作规范、安全性、环保性、成本效益等角度考虑	5	完全不符合每项扣1分			
	能及时有效地解决维修过程中的突发问题	5	完全没有解决扣3分;解决不及时扣2分;无突发问题不扣分			
	能对已完成的工作进行记录存档、评价和反馈	5	无记录扣2分			
	在维修过程中保持5S、三不落地,完工后对工位进行恢复整理	5	零件、工具、油水落地每项扣1分;5S整理每漏一项扣1分			
	表述仪态自然、吐字清晰、思路清晰,且与实际相符	5	仪态不自然、吐字不清、思路不清晰每项扣1分;表述与实际不符扣1分			
	分工明确,团队合作融洽	5	分工不明确扣2分;团队合作不融洽扣2分			
总　分						

三、汽车启动系统专业知识理论考核

1.拆卸汽车蓄电池时,先拆(   )电池头。

    A.正极   B.负极   C.正、负极都可以

2.测量汽车蓄电池电压时,选用量程(   )直流电压挡。

    A.2   B.20   C.200

3.测量 220 V 交流电,选用量程(   )交流电压挡。

    A.700   B.200   C.20

4.测量继电器线圈的电阻,选用电阻挡(   )。

    A.蜂鸣挡   B.20 K 挡   C.200 挡

5.普通蓄电池加水位置,应该在(   )。

    A.超过上位线   B.靠近下位线   C.靠近上位线

6.蓄电池型号 6-QA-70,其容量是(   )A·h。

    A.60   B.45   C.70

7.汽车蓄电池电解液密度约为(   )g/cm^3。

    A.1.84   B.1.12   C.1.24

8.15 A 保险丝烧断了应该更换(   )A 的保险丝。

    A.20   B.15   C.10

9.继电器型号 DC 12 V 50 A 中的 DC 表示(   )。

    A.直流电   B.交流电   C.脉冲电压

10.给一个蓄电池充电,充电机量程选择开关应选择(   )。

    A.12 V   B.24 V   C.6 V

 学习任务二 | **汽车充电系统的检修**

【学习目标】

● 能正确操作点火开关并启动发动机,检查汽车仪表盘上充电指示灯状态(包括启动前和启动后)是否正常;

● 通过查阅保养手册或维修手册,能找出汽车充电系统各零部件或总成的位置;

● 通过查阅保养手册或维修手册,能列举出汽车充电系统各零部件或总成拆装的步骤及注意事项;

● 能规范实施汽车充电系统各零部件或总成拆装与更换;

● 能完成工作页和维修工单的填写。

【任务分解】

● 就车拆装发电机;

● 发电机的分解;

● 发电机的检修。

【教学活动】

活动一　汽车充电系统信息收集

活动二　汽车充电系统的检查

活动三　汽车充电指示灯不亮故障诊断方案的制订

活动四　汽车充电系统零部件的拆装与更换

活动五　考核评价

【建议课时】

20 课时。

【情境引入】

维修前台接到客户张先生电话,反映车辆充电系统出现故障、仪表盘充电指示灯常亮,经技术人员确定是发电机内部故障导致的,请查看维修手册,在规定的时间内完成对汽车发电机的更换,完成后交付班长验收。

活动一　汽车充电系统信息收集

【学习目标】

● 能正确操作汽车点火开关,检查汽车充电系统工作是否正常;

- 通过查阅保养手册或维修手册,能找出汽车充电系统各零部件或总成的位置;
- 能描述汽车充电系统的作用并列举汽车充电系统的组成。

【学习准备】

汽车充电系统台架、实训整车、维修手册、多媒体设备、互联网资源。

【建议课时】

4课时。

【学习过程】

〈学生信息页〉

一、汽车充电系统知识储备

汽车仪表盘上的充电指示灯可以指示汽车的用电状态,当充电指示灯点亮时,说明整车是蓄电池供电;当启动发动机后,充电指示灯熄灭,说明整车是由发电机供电(图2-1)。

图2-1　仪表盘上的充电指示灯

汽车发电机一般由皮带轮、风扇、转子、定子、整流器、电压调节器等组成(图2-2)。

发电机皮带轮通过发电机皮带来驱动发电机运转,风扇起到散热的作用、发电机转子的作用是产生磁场,发电机定子的作用是产生三相交流电。

汽车发电机内部整流器的作用是把定子产生的三相交流电转变成直流电。发电机的整流器一般由6个二极管组成,利用了二极管滤波整流的作用。有些发电机有8个、9个或者11个二极管(图2-3)。

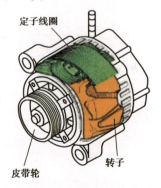

定子线圈

皮带轮　　　　　转子

图2-2　发电机结构1

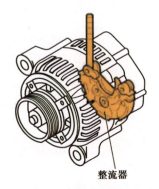

整流器

图2-3　发电机结构2

汽车发电机内部电压调节器的作用是把稳定发电机的输出电压控制在 14~15 V,使得发电机的输出电压不随发动机的转速变化而变化(图 2-4)。

汽车发电机转子里面的转子线圈通电会产生磁场,汽车发电机一般是励磁的(图 2-5)。

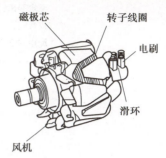

图 2-4　发电机结构 3　　　　　　　　图 2-5　发电机转子

汽车发电机定子里面的定子线圈有 3 个,有三角形和星形两种连接方式,星形结构的发电机定子有中性点,图 2-6 是星形结构或者 Y 形结构。

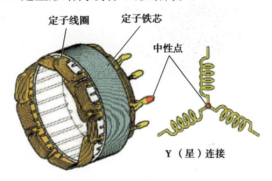

图 2-6　发电机定子

汽车发电机的电刷一般有两个,作用是给发电机的转子通电。当电刷磨损过度后,发电机发电能力下降,此时需要更换电刷(图 2-7)。

图 2-7　带电压调节器的电刷

汽车发电机的参数一般有两个,即输出电压和输出电流,JFZ1918 是发电机的型号,图 2-8的发电机用于 12 V 的汽车系统,JF 代表交流发电机,Z 代表整体式,整体式交流发电机的意思是发电机内部装有电压调节器,有些发电机的电压调节器是外置的。

JFZ1918

额定输出：	14 V 120 A
皮带轮：	5S48
配用发动机/车型：	荣威550
Nominal Output:	14 V 120 A
Pulley:	5S48

图 2-8 发电机参数

图 2-9 的发电机用于 24 V 的汽车系统,JFZ2517 中第一位数字代表输出电压等级,1 代表 12 V,2 代表 24 V;第二位数字代表电流等级,5 代表输出电流是 55 A。

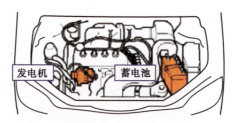

JFZ2517

潍柴WD615系列

28 V 55 A

8PK60皮带轮

图 2-9 发电机型号及适用车型

二、汽车充电系统零部件的位置

汽车发电机一般安装在汽车发动机的前端,通过皮带与发动机曲轴皮带轮相连,靠皮带来驱动(图 2-10)。

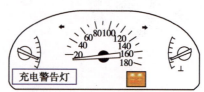

图 2-10 发电机位置图

汽车充电指示灯是红色的,是一个蓄电池符号,位于汽车仪表盘,不同的车型位置稍有不同(图 2-11)。

图 2-11 充电指示灯位置图

三、汽车充电系统拆装专用工具

拆卸发电机皮带轮时,应使用发电机皮带拆装专用工具——拉马(图2-12)。

图2-12　发电机皮带拆装工具

四、汽车充电系常见故障列举

①仪表盘充电指示灯不亮。

②仪表盘充电指示灯常亮。

③发电机输出电压过高。

④发电机异响。

〈学生工作页〉

一、根据实训车辆,查找充电系统零部件的位置

检测项目	位置查找		位置描述
点火开关	□找到	□找不到	
充电指示灯	□找到	□找不到	
发电机	□找到	□找不到	
蓄电池	□找到	□找不到	
充电系统保险丝	□找到	□找不到	

二、发电机各组成作用连线

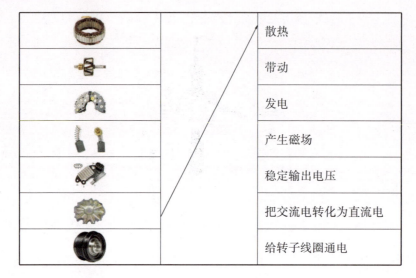

	散热
	带动
	发电
	产生磁场
	稳定输出电压
	把交流电转化为直流电
	给转子线圈通电

三、查阅相关资料，写出发电机型号的含义

①JFZ：_____

②JFW：_____

③JFB：_____

活动二 汽车充电系统的检查

【学习目标】

- 能使用万用表对汽车充电系统零部件进行检测；
- 能查找维修手册，对比标准数据判断充电系统零部件的好坏；
- 能读懂简单的汽车充电电路图。

【学习准备】

汽车充电系统台架、实训整车、维修手册、多媒体设备、互联网资源。

【建议课时】

4课时。

【学习过程】

〈学生信息页〉

一、汽车充电系统电路图

图 2-13 为点火开关打开但不启动时充电系统电路示意图,此时充电指示灯点亮。

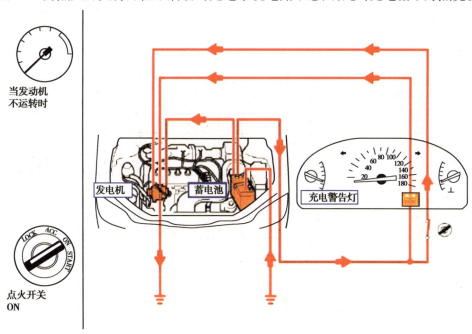

图 2-13 汽车充电系统充电指示灯点亮电路图

图 2-14 为发动机启动后充电系统电路示意图,此时充电指示灯熄灭。

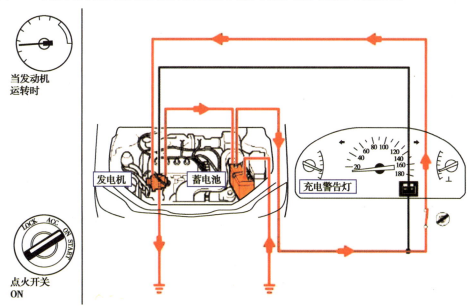

图 2-14 汽车充电系统充电指示灯熄灭电路图

1.打开点火开关但未启动发动机

蓄电池充电指示灯的状态是点亮,否则说明汽车充电系统线路有故障。

2.启动发动机后

蓄电池充电指示灯的状态是熄灭,常亮说明汽车发电机不发电或者发电电压过低。

备注:如果开车过程中蓄电池充电指示灯突然点亮,则应该立即停车检查。

3.汽车充电系统工作原理(图2-15)

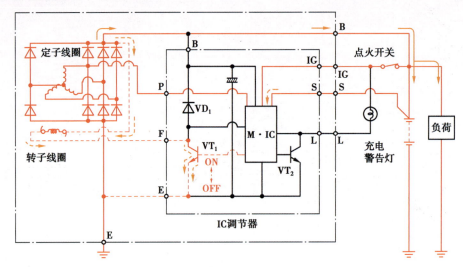

图 2-15　发电机内部电路

B—发电机正极接线柱;S—发电机反馈电压端子;L—发电机励磁端子

①点火开关打开到 ON 挡时,电流:蓄电池+ → 点火开关→充电指示灯→发电内部的电压调节器 L 端子→搭铁,此时充电指示灯点亮。

②当发动机启动后,发电机开始发电,当发电机的输出电压高于设定值时,发电机内部电压调节器开始调压,内部的三极管将会断开,切断充电指示灯的回路,此时充电指示灯熄灭。

M 表示发电机发电信号端子,该端子的作用是如果汽车发动机没有发电,汽车上一些大功率的用电器将不能使用,如空调(图2-16)。

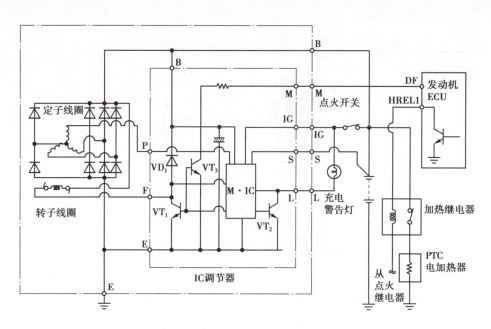

图 2-16　带 M 端子的充电系统电路图

二、发电机皮带松紧度的检查

①经验法,用手指按压(图 2-17)。

图 2-17　经验法

②仪器检测,使用挠度计检查(图 2-18)。

图 2-18　仪器检测

【拓展学习】

一、汽车蓄电池端电压的检测

汽车蓄电池端电压的检测方法如图 2-19 所示。

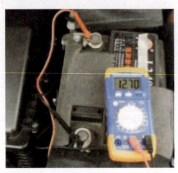

图 2-19　汽车蓄电池端电压的检测方法

12 V 汽车系统检测项目	标准值
发动机启动前	12 V 以上
发动机启动后	13~15 V
24 V 汽车系统检测项目	标准值
发动机启动前	24 V 以上
发动机启动后	27~28 V

二、汽车发电机端子电压检测

关闭点火开关,拔下汽车发电机的电插头,检测发电机电插头上的端子电压。对于日系车,发电机电插头一般有 S、L 两芯,S、L、IG 三芯和 S、L、IG、M 四芯 3 种形式。

其中 S 端子为常电端子;L 端子当点火开关打开时为蓄电池,关闭时无电压;IG 端子当点火开关打开时为蓄电池电压;M 为发电机发电信号端子,当发电机不发电时端子电压为零,发电机发电时才有输出电压。

〈学生工作页〉

一、丰田花冠汽车发电机端子认知

项　目	端子作用	图　例
1.S 端子		
2.IG 端子		
3.L 端子		
4.B 端子		
5.M 端子		

二、丰田花冠汽车发电机输出电压的检查

检查项目	数据填写
1.发电前发电机输出电压	
2.发电后发电机输出电压	
3.点火开关关闭时 IG 端子电压	
4.点火开关打开后 IG 端子电压	
5.点火开关关闭时 L 端子电压	
6.点火开关打开后 L 端子电压	

三、发电机皮带的检查

检查项目	检查结果
1.皮带是否折断或者打滑	
2.皮带磨损程度的检查	
3.皮带松紧度的检查	

活动三　汽车充电指示灯不亮故障诊断方案的制订

【学习目标】

• 通过查阅保养手册或维修手册,能正确准备相关维修用具;

• 通过查阅保养手册或维修手册,能做好维修场地的准备工作;

• 通过查阅保养手册或维修手册,能列举出汽车充电系统各零部件或总成拆装的步骤及注意事项。

【学习准备】

汽车充电系统台架、实训整车、维修手册、多媒体设备、互联网资源。

【建议课时】

4 课时。

【学习过程】

〈学生信息页〉

一、汽车充电系统常见故障原因分析

1.汽车充电指示灯不亮的原因

①汽车发电机损坏;

②汽车充电保险丝烧断;

③汽车充电线路故障。

2. 汽车充电指示灯常亮的原因

①汽车发电机皮带折断或者打滑;

②汽车发电机内部故障。

3. 汽车发电机异响的原因

①汽车发电机皮带老化;

②汽车发电机内部轴承磨损。

〈学生工作页〉

一、汽车充电指示灯不亮的原因分析

请根据信息页的提示,把汽车充电指示灯不亮故障的原因填写到图 2-20 中的鱼骨图方框内。

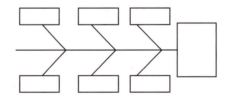

图 2-20　汽车充电指示灯不亮故障原因分析

二、汽车充电指示灯不亮的故障诊断流程制订

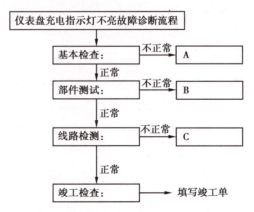

汽车仪表盘充电指示灯不亮的故障诊断流程填写说明:

A:填写基本检查的具体项目,并记录检查的数据和写出处理意见。

_____

B:填写部件测试的具体项目,并记录检查的数据和写出处理意见。

_____

C:填写线路检查的具体项目,并记录检查的数据和写出处理意见。

_____

【任务拓展】

情境描述:维修前台接到客户张先生日产轩逸汽车启动后仪表盘充电指示灯常亮,发电机没有发电的问题反映,请你分析原因并写出诊断的思路。

故障描述:

_____

_____

原因分析:

A:_____

B:_____

C:_____

诊断思路:

第一步:_____

第二步:_____

第三步:_____

活动四　汽车充电系统零部件的拆装与更换

【学习目标】

• 能根据制订的汽车充电系统零部件更换方案正确选用工量具,对汽车充电系统的故障零部件进行就车拆卸;

• 能正确填写维修工单以及维修过程记录单。

【学习准备】

汽车充电系统台架、实训整车、维修手册、多媒体设备、互联网资源。

【建议课时】

　　8 课时。

【学习过程】

〈学生信息页〉

一、发电机的拆卸

　　发电机的拆卸步骤如图 2-21 所示。

①任务开始前安装三件套。

②断开蓄电池。

③拆卸发电机正极接线柱。

④拆卸发电机电插头。

⑤拆卸发电机皮带调整螺丝。

⑥取下发电机皮带。

⑦拆卸发电机固定螺丝。

⑧取下发电机总成。

图 2-21　发电机的拆卸步骤

　　备注:汽车发电机的拆卸首先应该断电,安装按照拆卸的相反顺序进行,安装时要注意发电机螺丝的拧紧力矩,拧紧力矩参考对应车型的维修手册。

二、发电机的分解

　　发电机的分解步骤如图 2-22 所示。

①拆卸发电机皮带轮螺丝。

②拆卸发电机皮带轮。

③拆卸发电机前端盖螺丝。

④使用胶锤拆卸前端盖。

⑤拆卸后端盖接线柱。

⑥拆卸整流器与后端盖连接螺丝。

⑦取下整流器。

⑧分离转子和定子总成。

⑨分开后端盖与定子总成。　　　　　⑩拆装完成后摆放好零部件。

图 2-22　发电机的分解步骤

备注:汽车发电机的分解应根据对应车型维修手册的操作流程来完成,安装时应按拆卸的相反顺序进行,注意螺丝的拧紧力矩。发电机组装完成后要检查发电机转动过程中是否有异响,若有则需重新组装。

三、发电机的检测

发电机的检测步骤如图 2-23 所示。

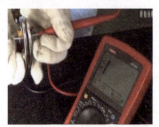 

①使用蜂鸣挡检测整流器二极管　　②使用蜂鸣挡检测整流器二极管正
反向电阻,应不导通。　　　　　　　向电阻,导通正常。

③检测发动机转子线圈的电阻,　　　④检测发动机转子线圈的绝缘性,
标准值参考对应车型维修手册。　　　应大于 10 kΩ。

⑤定子线圈绝缘性检查,应大于　　　⑥定子线圈导通性检查,导通正常。
10 kΩ。

图 2-23　发电机的检测步骤

〈**学生工作页**〉

一、结合实训车辆和信息页提示回答问题

检查项目		检查方法	检查结果
转子总成检查	转子线圈电阻	两导电环之间的电阻（200 Ω 挡）	
	转子线圈绝缘性检查	一个表笔放铁芯，一个表笔放导电环（20 kΩ）	
	导电环	用砂纸打磨光滑	
定子总成检查	外观检查	目视检查是否掉油漆、鼻闻是否有烧焦味	
	导通性检查	测 3 次（蜂鸣挡）	
	绝缘性检查	20 kΩ	
电刷总成检查	电刷长度、磨损情况	测电刷的长度、打磨电刷	
整流器检查	导通性检查	测两次，一次导通一次不导通为正常	

二、根据发电机拆卸步骤回答问题

①断开蓄电池负极电池头。

②拆下发电机的正极接线柱和电插头。

③松开发电机固定螺丝和张紧度调整螺丝，取下发电机皮带（检查皮带的磨损情况，不能有缺齿、开裂现象）。

④取下发电机固定螺丝，取下发电机。

请写出安装步骤：

①_____

②_____

③_____

④_____

三、请根据图 2-24 提示列举出发电机的具体保养项目

图 2-24　汽车发电机保养项目图

①_____

②_____

四、请根据发电机组装结果写出检查的方法或要求

①发电机应运转自如无卡滞：_____

②发电机的绝缘性：_____

五、发电机皮带的松紧度调整

①所需工具列举：_____

②松紧度标准：_____

活动五 考核评价

【考核内容】

- 汽车充电系统理论认知的考核；
- 汽车充电系统零实操能力的考核；
- 5S 管理意识的考核；
- 团队合作能力的考核；
- 口头表达能力的考核。

【建议课时】

4 课时。

【考核过程】

课程名称	汽车电气维修	学生姓名	
学习任务	汽车充电指示灯不亮故障	班 级	

【情境描述】

一辆丰田花冠(COROLLA)轿车,行驶里程已达 118 000 km,车主反映该车打开点火开关后,仪表板上的电池符号充电指示灯不亮,经技术人员确定是发电系统故障导致的。

【任务要求】

1.分析并选择汽车充电指示灯不亮的可能原因。

选择汽车充电指示灯不亮故障的可能原因,请在你所选的故障原因选项方格内打"√"。(20分)

□发电机损坏　　　　□发电机皮带打滑　　　　□充电线路故障

□蓄电池损坏　　　　□保险丝损坏　　　　　　□火花塞损坏

□汽油泵损坏　　　　□起动机内部故障

续表

2.撰写汽车充电指示灯不亮诊断流程图,并列举使用的维修工具和检测仪器。

◎列举维修工具和检测仪器。(10分)

◎汽车充电指示灯不亮诊断流程图(包括诊断的方法和处理措施)。(60分)

3.结合充电指示灯不亮,给车主提出合理的驾驶或者保养建议。(10分)

【参考资料】

完成上述任务时,你可以使用所有的常见教学资料和工具,如工作页、专业教材、维修手册、个人笔记以及计算器等。

一、充电系统作业记录表

<table>
<tr><td colspan="2" align="center">学生姓名</td><td></td><td>班　级</td><td></td></tr>
<tr><td rowspan="4">车辆信息</td><td>车辆型号</td><td></td><td>里程表/km</td><td></td></tr>
<tr><td>车辆识别代码(VIN)</td><td colspan="3"></td></tr>
<tr><td>发动机型号</td><td colspan="3"></td></tr>
<tr><td align="center">项　目</td><td colspan="2" align="center">操作提示</td><td>填写检测结果或者数据</td></tr>
</table>

<table>
<tr><td align="center">项　目</td><td align="center">操作提示</td><td>填写检测结果或者数据</td></tr>
<tr><td>1.维修准备</td><td>检测小组进行合理分工</td><td></td></tr>
<tr><td>2.工量具准备</td><td>常用和专用工具的准备</td><td></td></tr>
<tr><td>3.安全检查</td><td>油、水、电的检查</td><td></td></tr>
<tr><td>4.故障现象确认</td><td>主要检查仪表盘的报警灯</td><td></td></tr>
<tr><td>5.确定故障范围</td><td>列举故障产生的原因</td><td></td></tr>
<tr><td>6.基本检查</td><td>对故障系统进行初步检查</td><td></td></tr>
</table>

续表

项 目	操作提示	填写检测结果或者数据
7.部件测试	对被怀疑的部件进行部件测试,须注明元件名称/插接件代码、针脚编号和测量结果	
8.电路测量	对被怀疑的线路进行测量,须注明插件代码和编号,控制单元针脚代号以及测量结果	
9.故障部位确认和排除	根据上述所有检测结果,确定故障内容并注明: ①确定的故障是:＿＿＿＿＿＿＿ ②故障点的排除处理说明:＿＿＿＿＿＿	
10.竣工检查	维修后确认功能并填写结果	
11.5S 管理	维修完成后整理工具和设备	

二、充电系统考核评分标准

课程名称				汽车充电系统的检修				
学习任务名称		汽车充电指示灯常亮故障		学生姓名				
评价项目	评价内容		分值/分	评分标准		得分/分	小计分数	扣分原因
专业能力	汽车充电系统零部件位置查找		5	每漏一项扣1分				
	发电机皮带的检查		5	检查不正确不得分				
	保险丝的检查		5	检查不正确不得分				
	充电线路的检查		5	检查不规范酌情扣分				
	发电机整体更换		5	流程不正确每项扣1分;操作不规范每项扣1分				
	发电机的分解		10	每漏一项扣1分;操作不规范每项扣1分				
	发电机的检查		10	流程不正确每项扣1分;操作不规范每项扣1分				
	蓄电池的检查		5	操作不规范每项扣1分				
	油、水、电安全检查		5	每漏一项扣1分				
	维修前的工量具准备		5	每漏一项扣1分;操作不规范每项扣1分				

续表

评价项目	评价内容	分值/分	评分标准	得分/分	小计分数	扣分原因
通用能力	能读懂任务书,与客户或维修主管进行有效沟通,记录关键内容,整理客户需求	5	没有沟通扣2分;沟通不到位扣1分;无记录扣2分			
	能查阅相关维修资料,获取汽车发电机不发电故障的维修等信息	5	没有查阅扣3分,查阅方法不对扣2分			
	能从满足客户功能需求、使用价值和企业工作规范、安全性、环保性、成本效益等角度考虑	5	完全不符合每项扣1分			
	能及时有效地解决维修过程中的突发问题	5	完全没有解决扣3分;解决不及时扣2分;无突发问题不扣分			
	能对已完成的工作进行记录存档、评价和反馈	5	无记录扣2分			
	在维修过程中保持5S、三不落地,完工后对工位进行恢复整理	5	零件、工具、油水落地每项扣1分;5S整理每漏一项扣1分			
	表述仪态自然、吐字清晰、思路清晰,且与实际相符	5	仪态不自然、吐字不清、思路不清晰每项扣1分;表述与实际不符扣1分			
	分工明确,团队合作融洽	5	分工不明确扣2分;团队合作不融洽扣2分			
总 分						

三、汽车充电系统专业知识理论考核

1.组装好发电机后,要检查发电机正极与外壳的(　　　)。

A.导通性　　　　　　　　B.绝缘性

2.蓄电池提供的是(　　　)。

A.直流电　　　　　　　　B.交流电

3.在花冠车发电机的S,IG,L,M 4个端子中,(　　　)是励磁端子。

A.S　　　　　　B.IG　　　　　　C.L　　　　　　D.M

4.汽车电器维修测绝缘性,使用万用表欧姆挡(　　　)。

A.200 Ω 挡　　　　　B.20 kΩ 挡　　　　　C.蜂鸣挡

5.丰田发电机中,S端子的作用是(　　　)。

A.蓄电池电压反馈　　　B.励磁　　　　　C.钥匙信号　　　　　D.发电信号

6.发电机中,转子的作用是(　　　)。

　A.产生磁场　　　　　　B.发电

7.发电机中,定子的作用是产生磁场(　　　)。

A.正确　　　　　　　　B.错误

8.丰田发电机中,M 端子的作用是(　　　)。

　A.蓄电池电压反馈　　　B.励磁　　　　　　　C.钥匙信号　　　　　　D.发电信号

9.大众发电机中,"D+"端子的作用是(　　　)。

　A.蓄电池电压反馈　　　B.励磁　　　　　　　C.钥匙信号　　　　　　D.发电信号

10.发电机中,整流器的作用是(　　　)。

　A.把交流转变为直流　　B.稳定发电机的输出电压

 学习任务三 | **汽车灯光系统的检修**

【学习目标】

- 能正确操作灯光开关,检查汽车灯光功能是否正常;
- 通过查阅保养手册或维修手册,能找出汽车灯光系统各零部件或总成的位置;
- 通过查阅保养手册或维修手册,能列举出汽车灯光系统各零部件或总成拆装的步骤及注意事项;
- 能规范实施汽车灯光系统各零部件或总成拆装与更换;
- 能完成工作页和维修工单的填写。

【任务分解】

- 更换汽车灯光控制开关;
- 更换汽车大灯总成;
- 更换汽车尾灯总成。

【教学活动】

活动一　汽车灯光系统信息收集

活动二　汽车灯光系统的检查

活动三　汽车大灯不亮故障诊断方案的制订

活动四　汽车灯光系统零部件的拆装与更换

活动五　考核评价

【建议课时】

20 课时。

【情境引入】

维修前台接到客户张先生电话,反映车辆汽车灯光系统出现故障,按下汽车灯光开关发现大灯左前近光灯不亮,经技术人员确定是汽车左前近光灯烧坏故障导致的,请查看维修手册,在规定的时间内完成对汽车左前近光灯灯泡的更换,完成后交付班长验收。

活动一　汽车灯光系统信息收集

【学习目标】

- 能正确操作汽车灯光开关检查汽车灯光系统工作是否正常;
- 通过查阅保养手册或维修手册,能找出汽车灯光系统各零部件或总成的位置;

●能描述汽车灯光系统的作用和列举汽车灯光系统的组成。

【学习准备】

汽车灯光系统台架、实训整车、维修手册、多媒体设备、互联网资源。

【建议课时】

4课时。

【学习过程】

〈学生信息页〉

一、汽车灯光系统组成与位置

汽车大灯总成主要包括汽车近光灯、远光灯、转向灯、前小灯等(图3-1),其中,近光灯和远光灯俗称"汽车大灯"。

图3-1　汽车大灯总成

汽车灯光开关主要有OFF(关)、小灯开关、近光灯开关、远光灯开关、转向灯开关、雾灯开关等(图3-2)。

图3-2　汽车灯光开关1

不同车型的灯光开关款式略有不同,但各个挡位的开关符号、功能基本上是一致的(图3-3)。

图 3-3 汽车灯光开关 2

汽车尾灯总成主要包括汽车制动灯、倒车灯、转向灯、后小灯和后雾灯等(图 3-4)。

图 3-4 汽车尾灯总成

前雾灯一般安装在汽车大灯总成的下方,前雾灯的作用是雾天提供照明,有些越野车的前雾灯安装在固定位置,黄色的灯透雾能力比较强(图 3-5)。

图 3-5 前雾灯

后雾灯的作用是雾天提供行车信号,有少数车型的汽车后雾灯只有一个,倒车灯也只有一个(图 3-6)。

图 3-6　后雾灯

　　顶灯的作用是监控汽车车门开闭状态,如果汽车车门没有关好,顶灯会点亮,起提醒司机安全驾驶的作用(图 3-7)。

图 3-7　顶灯

当汽车车门关好时,车门灯熄灭;如果车门未关好,则车门灯不熄灭(图 3-8)。

图 3-8　车门灯

和普通灯泡相比,卤素灯泡可以有效防止灯泡发黑(图 3-9)。

图 3-9　卤素灯泡

氙气灯的工作电压为高压电,亮度更亮,维修时一定要作好断电处理(图 3-10)。

图 3-10　氙气灯

LED 灯,有些汽车大灯已经采用,节能环保(图 3-11)。

图 3-11　LED 灯

二、汽车灯光开关的使用

汽车灯光开关的作用如图 3-12 所示,其中前小灯也称为示宽灯,前后灯也称为行车灯。

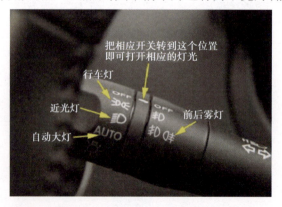

图 3-12　拨杆式大灯开关的使用

当把灯光开关从"OFF"转到行车灯开关的位置时,汽车前后小灯以及牌照灯一起点亮。

当打开汽车近光灯开关时,近光灯点亮;当打开汽车远光灯开关时,近光灯和远光灯都点亮。

当灯光开关打到自动挡时,汽车大灯会根据黑暗程度自行点亮和熄灭行车灯和近光灯

（图 3-13）。

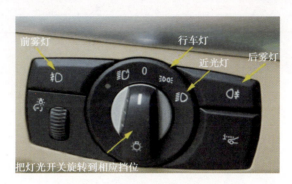

图 3-13　旋钮式大灯开关的使用

〈学生工作页〉

一、根据实训车辆,查找灯光系统零部件的位置,填写灯泡功率

项　目	位置查找	灯泡的功率/W
近光灯	近光灯和远光灯的区别：_____	
远光灯		
小灯	后小灯的颜色：_____	
前雾灯	前雾灯的颜色：_____	
后雾灯	后雾灯的颜色：_____	
转向灯	转向灯的颜色：_____	
刹车灯	刹车灯的颜色：_____	
倒车灯	倒车灯的颜色：_____	
项　目	功能性检查	检查结果
顶灯	□开门 □关门	
阅读灯	□打开 □关闭	
车门灯	□开门 □关门	

续表

项目	位置查找	灯泡的功率/W
灯光开关	各个挡位	
危险灯开关	☐打开 ☐关闭	

二、查阅相关资料,回答问题

1.汽车大灯总成中起照明作用的灯有哪些?

2.汽车尾灯总成中起信号作用的灯有哪些?

3.汽车大灯的种类有哪些? 各有什么特点?

4.汽车灯泡的功率和灯泡电阻有哪些对应关系?

活动二　汽车灯光系统的检查

【学习目标】

- 能使用万用表对汽车灯光系统零部件进行检测；
- 能查找维修手册，对比标准数据判断灯光系统零部件的好坏；
- 能读懂简单的汽车灯光电路图。

【学习准备】

汽车灯光系统台架、实训整车、维修手册、多媒体设备、互联网资源。

【建议课时】

4 课时。

【学习过程】

〈 学生信息页 〉

一、倒车灯和刹车灯电路

奇瑞东方之子倒车灯和刹车灯电路图，如图 3-14 所示，工作原理如下：

①奇瑞东方之子刹车灯电路是蓄电池+→保险丝→刹车开关→刹车灯→搭铁；刹车灯电路不受点火开关控制，是常电控制；刹车开关安装在刹车踏板，踩下刹车踏板时，刹车开关导通。

②奇瑞东方之子倒车灯电路是蓄电池+→保险丝→点火开关→倒车灯开关→倒车灯→搭铁；刹车灯电路受点火开关控制，倒车开关安装在汽车换挡挡位开关上，当驾驶员挂上倒挡时，倒车灯开关导通。

二、前后雾灯电路

奇瑞东方之子前后雾灯电路，如图 3-15 所示，工作原理如下：

①奇瑞东方之子前后雾灯电路，从电路图可知只有先打开小灯开关后才能开启前后雾灯。

②奇瑞东方之子后雾灯电路，没有设置继电器，后雾灯由后雾灯开关直接控制。

③奇瑞东方之子前雾灯电路，设置了继电器，前雾灯开关控制前雾灯继电器线圈。

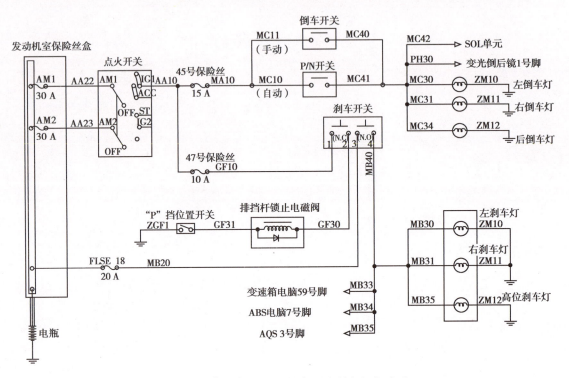

图 3-14　奇瑞东方之子倒车灯和刹车灯电路图

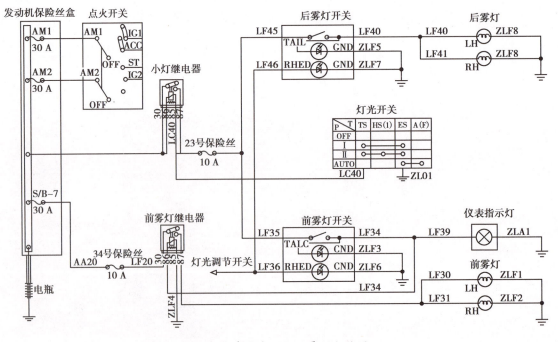

图 3-15　奇瑞东方之子雾灯电路图

三、保险丝、继电器和点火开关

1.汽车保险丝继电器盒的位置

汽车保险丝继电器盒的位置一般有两个:发动机舱和仪表盘下方,如图 3-16 和图 3-17 所示。

图 3-16　发动机舱保险丝继电器盒　　图 3-17　仪表盘下方保险丝继电器盒

不同颜色代表保险丝安培数值,如图 3-18 所示,方便识别。

图 3-18　保险丝

汽车在行驶过程中,如果电器设备不工作,首先要检查对应保险丝是否烧毁,如果已烧毁应及时更换,更换方法如下:

①关闭汽车点火开关。

②打开保险丝盒盖。

③更换相同规格的保险丝。

2.继电器

汽车常用的继电器有常开四脚继电器和五脚组合继电器。

汽车继电器的规格有 12 V 和 24 V 两种,分别用在直流 12 V 汽车系统和直流 24 V 汽车系统上,继电器型号如 DC30A/12V。继电器由一个线圈和一对触点组成,利用电磁铁的工作原理工作,当给继电器的 85 号端子和 86 号端子线圈通电时,继电器内部的触点闭合,30 号端子和 87 号端子导通,如图 3-19 所示。

3.点火开关(丰田卡罗拉)

①LOCK:熄火挡;

图 3-19　四脚继电器

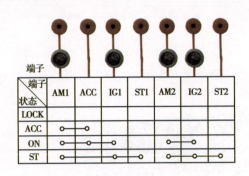

图 3-20　点火开关(丰田卡罗拉)

②ACC:附件挡;

③ON:点火挡;

④ST:启动挡;

⑤AM:常电端子;

⑥ACC 端子:附件挡信号端子;

⑦IG 端子:点火挡信号端子;

⑧ST 端子:启动挡信号端子。

当丰田卡罗拉点火开关处于 OFF 挡时如图 3-20 所示,点火开关中只有 AM1,AM2 端子是有电的;当丰田卡罗拉点火开关处于 ACC 挡时,点火开关中 AM1,AM2 和 ACC 端子是导通的;当丰田卡罗拉点火开关处于 ON 挡时,点火开关中只有 AM1,ACC,IG1 端子是导通的,同时 AM2,IG2 也是导通的;当丰田卡罗拉点火开关处于 ST 挡时,点火开关中只有 ACC 是不通电的,其余端子都是导通的。

【任务拓展】

一、小灯电路图

奇瑞东方之子小灯电路,如图 3-21 所示,工作原理如下:

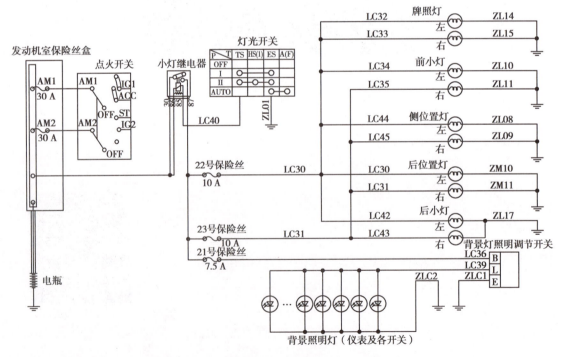

图 3-21　奇瑞东方之子小灯电路图

①由奇瑞东方之子小灯电路图可知,小灯电路不受点火开关的控制,前后小灯、仪表盘背光灯以及牌照灯都由小灯开关统一控制。

②小灯电路设有小灯继电器,由 3 个保险丝(21 号、22 号和 23 号)分别来保护前后小灯、牌照灯以及仪表盘背光灯。

二、大灯电路图

奇瑞东方之子大灯电路,如图 3-22 所示,工作原理如下:

①由奇瑞东方之子大灯电路图可知,大灯电路不受点火开关的控制。

②近光灯电路设有近光灯继电器,由两个保险丝(13 号和 14 号)分别来保护左右两边的近光灯,这两个保险丝的规格是 10 A。

③远光灯电路设有远光灯继电器,由一个 10 号保险丝(规格 20 A)来保护左右两边的远光灯。

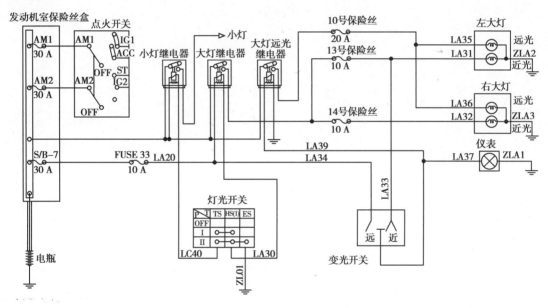

图 3-22 奇瑞东方之子大灯电路图

三、转向灯电路图

奇瑞东方之子转向灯电路,如图 3-23 所示,工作原理如下:

①由奇瑞东方之子转向灯电路图可知,危险报警灯电路不受点火开关的控制,左右转向灯电路受点火开关的控制,危险报警灯电路和左右转向灯电路共用一个闪光器。

②左右转向灯电路由闪光器和左右转向灯开关控制,由一个 45 号保险丝(15 A)来保护。

③危险报警灯电路由闪光器和危险报警开关控制,由一个 7 号保险丝(15 A)来保护。

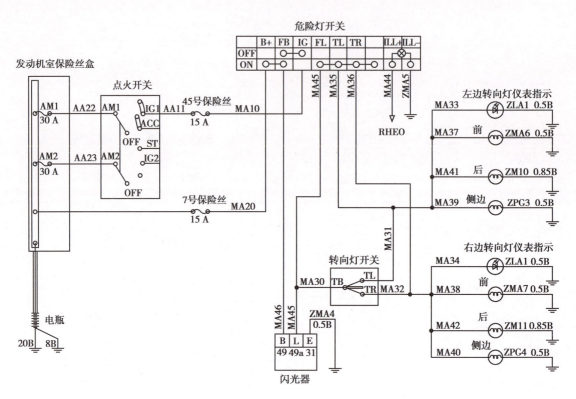

图 3-23 奇瑞东方之子转向灯电路图

〈学生工作页〉

一、汽车灯光灯泡的检查

检查项目	电阻测量	图　例
1.近光灯灯泡		
2.远光灯灯泡		
3.转向灯灯泡		
4.刹车灯灯泡		
5.牌照灯灯泡		

二、汽车灯光保险丝的检查

检查项目	数据填写	图　例
1.近光灯保险丝		
2.远光灯保险丝		
3.制动灯保险丝		
4.转向灯保险丝		
5.雾灯保险丝		
6.倒车灯保险丝		
7.小灯保险丝		

三、根据实训车辆，查找汽车灯光继电器的位置

检查项目	描述具体位置	图　例
1.近光灯继电器		
2.远光灯继电器		
3.小灯继电器		
4.转向灯继电器		
5.雾灯继电器		

四、汽车灯光继电器的检查

检查项目	数据填写	图　例
1.继电器线圈的电阻测量		
2.继电器类型	□常开 □常闭	
3.继电器的规格		
4.近光灯继电器位置查找		

五、大灯开关的检查

位　置			端　子				
			4	6	7	12	13
前大灯开关		OFF		○——————○			
		小灯				○————○	
	☰	LOW		○————○————○————○			
		HIGH	○————○————○————○				
会车灯开关		OFF					
		ON	○		○——▷——○		

检查项目	检查方法	检查结果
大灯开关处于 OFF 位置	6 号和 12 号端子的导通性	
大灯开关处于小灯位置	13 号和 12 号端子的导通性	
大灯开关处于 LOW 位置	6,7,12 和 13 号端子的导通性	
大灯开关处于 HIGH 位置	4,7,12 和 13 号端子的导通性	

活动三　汽车大灯不亮故障诊断方案的制订

【学习目标】

● 通过查阅保养手册或维修手册,能正确准备相关维修用具;

● 通过查阅保养手册或维修手册,能作好维修场地的准备工作;

● 通过查阅保养手册或维修手册,能列举出汽车灯光系统各零部件或总成拆装的步骤及注意事项。

【学习准备】

汽车灯光系统台架、实训整车、维修手册、多媒体设备、互联网资源。

【建议课时】

4 课时。

【学习过程】

〈 学生信息页 〉

一、汽车大灯不亮故障的原因分析

　　汽车大灯不亮产生故障的原因主要有灯泡损坏、保险丝烧断、线路故障、开关损坏、继电器损坏、灯光控制器损坏。

二、汽车转向灯闪烁频率不正常故障原因分析

　　汽车转向灯闪烁频率不正常产生故障的原因主要有转向灯灯泡功率不符合标准、转向灯电路接触不良或者松动、转向灯闪光器损坏。

三、汽车灯光左右亮度不一致故障原因分析

　　汽车灯光左右亮度不一致产生故障的原因主要有灯泡功率左右不相同、左右电路接触不良或者松动、灯泡搭铁不良。

〈 学生工作页 〉

一、汽车大灯近光灯不亮故障原因分析

　　请根据信息页的提示,把汽车大灯近光灯不亮故障的原因填写到图 3-24 的鱼骨图方框内。

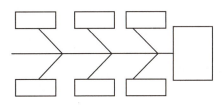

图 3-24　汽车大灯近光灯不亮故障原因分析

二、汽车大灯近光灯不亮故障诊断流程制订

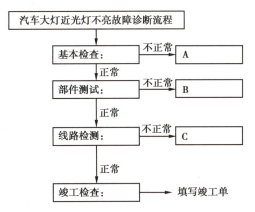

　　汽车灯故障诊断流程填写说明:

　　A:填写基本检查的具体项目,并记录检查的数据和写出处理意见。

检查项目：＿＿＿＿＿＿＿＿＿＿＿＿＿＿＿＿＿＿＿＿＿＿＿＿＿＿＿＿＿

检查数据或结果：＿＿＿＿＿＿＿＿＿＿＿＿＿＿＿＿＿＿＿＿＿＿＿

处理意见：＿＿＿＿＿＿＿＿＿＿＿＿＿＿＿＿＿＿＿＿＿＿＿＿＿＿

B：填写部件测试的具体项目，并记录检查的数据和写出处理意见。

部件测试项目：＿＿＿＿＿＿＿＿＿＿＿＿＿＿＿＿＿＿＿＿＿＿＿

检查数据或结果：＿＿＿＿＿＿＿＿＿＿＿＿＿＿＿＿＿＿＿＿＿＿

处理意见：＿＿＿＿＿＿＿＿＿＿＿＿＿＿＿＿＿＿＿＿＿＿＿＿＿＿

C：填写线路检查的具体项目，并记录检查的数据和写出处理意见。

线路检查项目：＿＿＿＿＿＿＿＿＿＿＿＿＿＿＿＿＿＿＿＿＿＿＿

检查数据或结果：＿＿＿＿＿＿＿＿＿＿＿＿＿＿＿＿＿＿＿＿＿＿

处理意见：＿＿＿＿＿＿＿＿＿＿＿＿＿＿＿＿＿＿＿＿＿＿＿＿＿＿

【任务拓展】

情境描述：维修前台接到客户张先生电话，反映日产轩逸汽车左侧转向灯闪烁的频率不正常，请分析原因并写出诊断思路。

原因分析：

A：＿＿＿＿＿＿＿＿＿＿＿＿＿＿＿＿＿＿＿＿＿＿＿＿＿＿＿＿＿＿

B：＿＿＿＿＿＿＿＿＿＿＿＿＿＿＿＿＿＿＿＿＿＿＿＿＿＿＿＿＿＿

C：＿＿＿＿＿＿＿＿＿＿＿＿＿＿＿＿＿＿＿＿＿＿＿＿＿＿＿＿＿＿

诊断思路：

第一步：＿＿＿＿＿＿＿＿＿＿＿＿＿＿＿＿＿＿＿＿＿＿＿＿＿＿＿

第二步：＿＿＿＿＿＿＿＿＿＿＿＿＿＿＿＿＿＿＿＿＿＿＿＿＿＿＿

第三步：＿＿＿＿＿＿＿＿＿＿＿＿＿＿＿＿＿＿＿＿＿＿＿＿＿＿＿

活动四　汽车灯光系统零部件的拆装与更换

【学习目标】

• 能根据制订的汽车灯光系统零部件更换方案正确选用工量具，对汽车灯光系统的故障零部件（灯光控制开关、大灯总成等）进行就车拆卸；

• 能正确填写维修工单以及维修过程记录单。

【学习准备】

　　汽车灯光系统台架、实训整车、维修手册、多媒体设备、互联网资源。

【建议课时】

　　8 课时。

【学习过程】

〈学生信息页〉

一、拆卸汽车灯光控制开关

　　拆卸汽车灯光控制开关的步骤如图 3-25 所示。

①关闭点火开关。

②断开蓄电池的负极。

③将大灯开关转动到P位置。

④向外提起大灯开关。

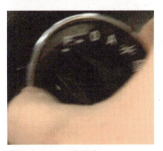
⑤取出大灯开关外壳。

⑥松开大灯开关3个固定卡子。

⑦断开大灯开关电插头。

图 3-25　拆卸汽车灯光控制开关的步骤

　　备注:汽车大灯开关的拆卸应根据不同车型维修手册的操作流程来完成,不同的车型大灯开关不一样,拆装的方法也不一样。大灯开关一般有拨杆式和旋钮式两种。

二、更换汽车大灯总成

　　更换汽车大灯总成的步骤如图 3-26 所示。

①取下前保险杠。

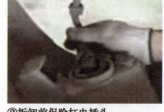

②拆卸前保险杠电插头。

③拆卸大灯固定螺丝。

④拔下大灯总成电插头。

⑤取下大灯总成。

图 3-26　更换汽车大灯总成的步骤

　　备注:汽车大灯总成的更换应根据不同车型维修手册的操作流程来完成,不同的车型大灯总成不一样,拆装的方法也不一样。有的大灯总成需要拆卸前保险杠,有些则不需要。

三、更换尾灯总成

更换尾灯总成的步骤如图 3-27 所示。

①打开后备箱。

②拆卸尾灯总成固定螺丝。

③使用螺丝刀拆出尾灯总成。

④拔下尾灯总成上的电插头。

图 3-27　更换尾灯总成的步骤

备注:不同车型的尾灯总成由于结构不同,拆卸的方法也不一样。需要注意的是,一定要确保汽车尾灯总成所有的固定螺丝都拆卸后,使用螺丝刀轻轻撬出尾灯总成,否则容易损坏尾灯总成。

〈学生工作页〉

一、结合实训车辆和信息页提示,完成汽车大灯和尾灯总成的拆卸

拆卸汽车大灯和尾灯总成	
1.拆卸汽车大灯总成时,要拆卸哪些附件?请写出附件的名称:	拆卸车型车系:
2.列举拆卸汽车尾灯总成的主要步骤:	拆卸工具列举:

二、结合实训车辆和信息页提示,完成汽车灯光组合开关的拆卸

拆卸汽车灯光组合开关	
1.拆卸汽车灯光组合开关时,要拆卸哪些附件?请写出附件的名称: 2.列举拆卸汽车灯光组合开关的主要步骤: 	拆卸车型车系: 拆卸工具列举:

活动五　考核评价

【考核内容】

- 汽车灯光系统理论认知的考核;
- 汽车灯光系统实操能力的考核;
- 5S 管理意识的考核;
- 团队合作能力的考核;
- 口头表达能力的考核。

【建议课时】

4 课时。

【考核过程】

课程名称	汽车电气维修	学生姓名	
学习任务	汽车大灯不亮故障	班　级	

【情境描述】

一辆丰田花冠自动挡轿车,使用了近6年,行驶里程已达118 000 km。车主反映该车的左前近光灯不亮。

【任务要求】

1.分析并选择该车左前近光灯不亮的可能原因。

选择汽车无法启动故障的可能原因,请在你所选的故障原因选项方格内打"√"。(20分)

□发电机损坏　　　　□点火开关损坏　　　□大灯线路故障

□蓄电池电量不足　　□保险丝损坏　　　　□近光灯继电器损坏

□大灯开关损坏　　　□起动机内部故障

2.撰写该车左前近光灯不亮的诊断流程图,并列举使用维修工具和检测仪器。

①列举维修工具和检测仪器。(10分)

_____

_____

_____

②该车的左前近光灯不亮的诊断流程图(包括诊断方法和处理措施)。(60分)

3.结合该车的左前近光灯不亮故障,给车主提出合理的驾驶或者保养建议。(10分)

_____

_____

_____

_____

一、灯光系统作业记录表

学生姓名		班　级	
车辆信息　车辆型号		里程表/km	
车辆识别代码（VIN）			
发动机型号			

项　目	操作提示	填写检测结果或者数据
1.维修准备	检测小组进行合理分工	
2.工量具准备	常用和专用工具的准备	
3.安全检查	油、水、电的检查	
4.故障现象确认	主要检查仪表盘的报警灯	
5.确定故障范围	列举故障产生的原因	
6.基本检查	对故障系统进行初步检查	
7.部件测试	对被怀疑的部件进行部件测试,须注明元件名称/插接件代码、针脚编号和测量结果	
8.电路测量	对被怀疑的线路进行测量,须注明插件代码和编号,控制单元针脚代号以及测量结果	
9.故障部位确认和排除	根据上述所有检测结果,确定故障内容并注明: ①确定的故障是:＿＿＿＿＿＿＿＿＿＿＿＿ ②故障点的排除处理说明:＿＿＿＿＿＿＿＿＿＿	
10.竣工检查	维修后确认功能并填写结果	
11.5S 管理	维修完成后整理工具和设备	

二、灯光系统考核评分标准

课程名称			汽车灯光系统的检修			
学习任务名称	汽车近光灯不亮检修		学生姓名			
评价项目	评价内容	分值/分	评分标准	得分/分	小计分数	扣分原因
专业能力	汽车灯光系统零部件位置查找	5	每漏一项扣1分			
	灯光继电器的检查	5	检查不正确不得分			
	保险丝的检查	5	检查不正确不得分			
	近光灯电路图的认知	5	不能读懂不得分			
	近光灯的更换	5	操作不规范每项扣1分			
	近光灯电压的检查	10	每漏一项扣1分;操作不规范每项扣1分			
	近光灯好坏判断	10	流程不正确每项扣1分;操作不规范每项扣1分			
	近光灯线路检查	5	操作不规范每项扣1分			
	油、水、电的安全检查	5	每漏一项扣1分			
	维修前的工量具准备	5	每漏一项扣1分;操作不规范每项扣1分			
通用能力	能读懂任务书,与客户或维修主管进行有效沟通,记录关键内容,整理客户需求	5	没有沟通扣2分;沟通不到位扣1分;无记录扣2分			
	能查阅相关维修资料,获取汽车小灯不亮故障的维修等信息	5	没有查阅扣3分,查阅方法不对扣2分			
	能从满足客户功能需求、使用价值和企业工作规范、安全性、环保性、成本效益等角度考虑	5	完全不符合每项扣1分			
	能及时有效地解决维护过程中的突发问题	5	完全没有解决扣3分;解决不及时扣2分;无突发问题不扣分			
	能对已完成的工作进行记录存档、评价和反馈	5	无记录扣2分			
	在维护过程中保持5S、三不落地,完工后对工位进行恢复整理	5	零件、工具、油水落地每项扣1分;5S整理每漏一项扣1分			
	表述仪态自然、吐字清晰、思路清晰,且与实际相符	5	仪态不自然、吐字不清、思路不清晰每项扣1分;表述与实际不符扣1分			
	分工明确,团队合作融洽	5	分工不明确扣2分;团队合作不融洽扣2分			
总　分						

三、汽车灯光系统专业知识理论考核

1.汽车大灯光线需要遮挡的是(　　)。

　　A.近光灯　　　　　　　　B.远光灯

2.汽车大灯放在焦点上的是(　　)。

　　A.近光灯　　　　　　　　B.远光灯

3.前小灯也称为(　　)。

　　A.示宽灯　　　　　　　　B.行车灯

4.后小灯也称为(　　)。

　　A.示宽灯　　　　　　　　B.行车灯

5.汽车倒车灯是(　　)色。

　　A.红　　　　　　　　　　B.白

6.汽车大灯的灯泡功率一般为(　　)。

　　A.45～60 W　　　　　B.21 W　　　　　　C.8～10 W

7.汽车转向灯的灯泡功率一般为(　　)。

　　A.45～60 W　　　　　B.21 W　　　　　　C.8～10 W

8.汽车牌照灯的灯泡功率一般为(　　)。

　　A.45～60 W　　　　　B.21 W　　　　　　C.8～10 W

9.氙气大灯工作电压是(　　)。

　　A.低压电　　　　　　　　B.高压电

10.汽车大灯继电器一般是(　　)继电器。

　　A.常开　　　　　　　　　B.常闭

学习任务四 | 汽车雨刮系统的检修

【学习目标】

- 能正确操作雨刮开关,检查雨刮系统各挡位工作是否正常;
- 通过查阅保养手册或维修手册,能找出雨刮系统各零部件或者总成的位置;
- 通过查阅保养手册或维修手册,能列举出雨刮系统各零部件或者总成拆装的步骤及注意事项;
- 能规范实施雨刮系统各零部件或者总成拆装与更换;
- 能完成工作页和维修工单的填写。

【任务分解】

- 雨刮系统的检查;
- 更换雨刮开关;
- 更换雨刮电动机总成;
- 更换洗涤装置零部件。

【教学活动】

活动一　汽车雨刮系统信息收集

活动二　汽车雨刮系统的检查

活动三　汽车雨刮不工作故障诊断方案的制订

活动四　汽车雨刮系统零部件的拆装与更换

活动五　考核评价

【建议课时】

20 课时。

【情境引入】

　　维修前台接到客户张先生电话,反映车辆雨刮系统出现故障,影响行驶安全,经技术人员确定是雨刮电机损坏导致的。请查看维修手册,在规定的时间内完成对雨刮电机的更换,完成后交付班长验收。

活动一 汽车雨刮系统信息收集

【学习目标】

- 能正确操作雨刮开关,检查雨刮系统各挡位工作是否正常;
- 通过查阅使用手册或维修手册,能找出雨刮系统各零部件或总成的位置;
- 能列举雨刮系统的组成。

【学习准备】

雨刮系统台架、实训整车、维修手册、多媒体设备、互联网资源。

【建议课时】

4课时。

【学习过程】

〈学生信息页〉

一、汽车雨刮系统知识储备

汽车雨刮系统主要由雨刮片、雨刮开关、雨刮电动机、传动机构等组成(图4-1)。

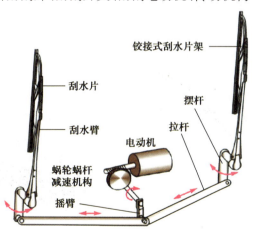

图4-1 雨刮系统组成示意图

汽车雨刮洗涤系统主要由洗涤泵、雨刮开关、喷嘴、洗涤罐和连接管道等组成(图4-2)。

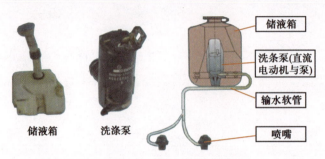

储液箱　　　　洗涤泵

图 4-2　洗涤系统组成示意图

雨刮电机总成由雨刮电动机、雨刮复位装置及雨刮电机线束等组成（图 4-3）。

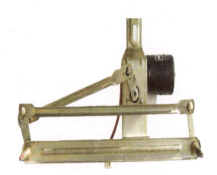

图 4-3　雨刮电机总成

图 4-4　雨刮连杆机构

雨刮连杆机构和雨刮电机总成通过螺丝相连，起传动动力的作用，末端安装雨刮臂和雨刮片（图 4-4）。

雨刮片可从雨刮臂上拆卸进行更换，当发现雨刮效果不佳时，应及时更换雨刮片（图 4-5）。

图 4-5　雨刮臂和雨刮片

图 4-6　雨刮开关

雨刮开关的挡位一般有雨刮关停挡、间歇摆动挡、低速挡、高速挡及喷水洗涤挡（图 4-6）。驾驶员应根据天气状况合理地选择雨刮挡位。

二、雨刮系统零部件的位置

雨刮开关一般安装在转向盘右下方（图 4-7），有的车型还有后雨刮控制开关。

当雨刮所有挡位都不工作时可能是雨刮电机损坏,需要更换;当雨刮片不能复位时,要检查安装是否符合要求或者雨刮电机内部是否有故障(图4-8)。

图4-7　雨刮开关位置

图4-8　雨刮电机安装位置

洗涤罐用来存放玻璃水,当玻璃水缺少时应及时加注以免损坏洗涤泵和刮花前挡风玻璃(图4-9)。

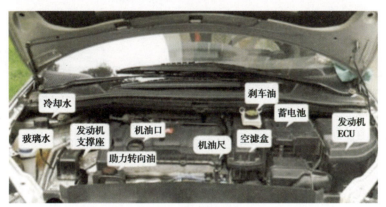

图4-9　洗涤罐位置

三、雨刮系统常见故障

序号	主要故障	原因分析	拆解图片	检测判断	处理措施
1	刮水器工作噪声大	刮水片与风窗玻璃刮擦噪声	风窗玻璃有脏污、刮水片磨扭变形撕裂导致	刮片变形撕裂	目测,有噪声	需清洁风窗玻璃或更换刮水片
		传动机构运动噪声	传动机构工作时发出的摩擦或刮碰	机构干涩	目测,有噪声	需检修或更换传动机构
		电机工作噪声	电机内部磁瓦碎裂,电刷磨损严重,调节螺钉松动导致电枢轴偏心	磁瓦破碎	有噪声	需检修或更换电机

续表

序号	主要故障		原因分析	拆解图片	检测判断	处理措施
2	电机不工作	①电机缸盖处密封失效,进水失效 ②线束导向密封圈处密封失效,进水失效 ③变速箱后盖密封失效,进水失效	设计时各密封处防水性能不足或材料选择不当造成,部分车型布局不良,雨水长期淋到电机上也是一部分原因	电机内部进水	检测台通电测试	更换电机
		电机超负荷运转烧毁	雨刮器在启动后突然遇到较大的阻力,超出了电机的力矩输出范围,电机持续运转后产生大量热量,造成电机烧毁	漆包线烧蚀		
		齿轮剔齿造成电机堵转烧毁	齿轮材料选用不当,齿轮机械强度不高	蜗轮齿磨损		

〈学生工作页〉

一、结合雨刮实训台架和实训车辆,回答以下问题

1.请根据实训车辆,选择雨刮开关的位置。

□转向盘下方左手边   □转向盘下方右手边

2.查找资料写出丰田卡罗拉雨刮开关挡位的作用。

MIST:＿＿＿＿＿＿＿＿＿＿＿＿＿＿＿＿＿＿＿＿＿＿＿＿＿＿

OFF:＿＿＿＿＿＿＿＿＿＿＿＿＿＿＿＿＿＿＿＿＿＿＿＿＿＿＿

INT:＿＿＿＿＿＿＿＿＿＿＿＿＿＿＿＿＿＿＿＿＿＿＿＿＿＿＿

LO:＿＿＿＿＿＿＿＿＿＿＿＿＿＿＿＿＿＿＿＿＿＿＿＿＿＿＿＿

HI:＿＿＿＿＿＿＿＿＿＿＿＿＿＿＿＿＿＿＿＿＿＿＿＿＿＿＿＿

3.请根据实训车辆,写出雨刮、洗涤系统各自的组成。

雨刮系统组成:＿＿＿＿＿＿＿＿＿＿＿＿＿＿＿＿＿＿＿＿＿＿＿＿

洗涤系统组成:＿＿＿＿＿＿＿＿＿＿＿＿＿＿＿＿＿＿＿＿＿＿＿＿

二、看图并在括号内写出相应图片名称及功能

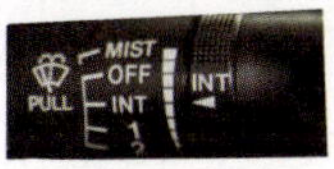	左图名称：（　　　　　　　　　　　　　） INT 挡位使用场合：
	左图名称：（　　　　　　　　　　　　　） □永磁电动机　　　　　□励磁电动机
	左图名称：（　　　　　　　　　　　　　） □控制间歇挡　　　　　□控制低速挡
	左图名称：（　　　　　　　　　　　　　） 作用：
	左图名称：（　　　　　　　　　　　　　） 作用：
	左图名称：（　　　　　　　　　　　　　） 作用：
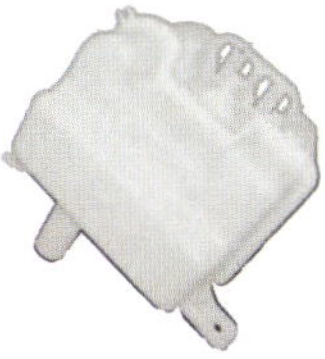	左图名称：（　　　　　　　　　　　　　） 作用：

三、根据实训车辆,检查雨刮功能的好坏并填写检查结果

车系车型	功能检查	检查结果
	间歇刮水挡	
	低速挡	
	高速挡	
	喷水洗涤挡	
	复位功能	

【拓展学习】

汽车自动雨刮就是感应雨刷,基本原理是通过感应器控制汽车雨刮器。

1.查找相关资料,写出汽车自动雨刮雨滴传感器的安装位置。

2.根据下列提示,画出汽车自动雨刮的控制原理图。

前挡风玻璃最上面正中间,或是后视镜支座里有一个雨量传感器,雨量传感器根据雨的大小输出不同的信号给电脑板。雨刮器电脑板一端连接雨刮电机,另一端分别连接手动雨刮器开关和雨量传感器。

活动二　汽车雨刮系统的检查

【学习目标】

- 能正确操作雨刮开关,检查雨刮系统各挡位工作是否正常;
- 通过查阅使用手册或维修手册,能找出雨刮系统各零部件或总成的位置;
- 能列举雨刮系统的组成;
- 能读懂简单的雨刮电路图。

【学习准备】

雨刮系统台架、实训整车、维修手册、多媒体设备、互联网资源。

【建议课时】

4 课时。

【学习过程】

〈学生信息页〉

一、雨刮电机端子介绍(图 4-10)

+2:高速挡控制端子;

+1:低速挡控制端子;

+B:供电端子;

+S:复位端子;

E:搭铁端子。

图 4-10　五芯雨刮电机

图 4-11　雨刮开关端子

二、雨刮开关端子介绍(图 4-11)

+2:高速挡控制端子;

+1:低速挡控制端子;

+B:电源端子;

+S:复位端子;

INT:间歇挡控制端子;

WF:洗涤泵供电端子;

EW:洗涤泵搭铁端子。

三、汽车雨刮系统的控制原理

汽车雨刮系统的控制原理是雨刮开关控制雨刮电动机,雨刮电动机内部有 3 个电刷,可自我实现低速挡和高速挡;雨刮电动机内部有复位装置,只要关闭雨刮开关,雨刮电动机可继续运转来完成雨刮片的复位(停放在汽车前挡风玻璃下方);雨刮的间歇挡是靠雨刮继电器或雨刮控制模块来实现的,雨刮间歇挡的电路其实是雨刮电动机低速运转电路,间歇时间由雨刮继电器来控制,有些车型的雨刮间歇时间是可以调整的;雨刮的喷水功能是由洗涤泵来完成的,喷水的同时雨刮片以低速运转,如图 4-12 所示。

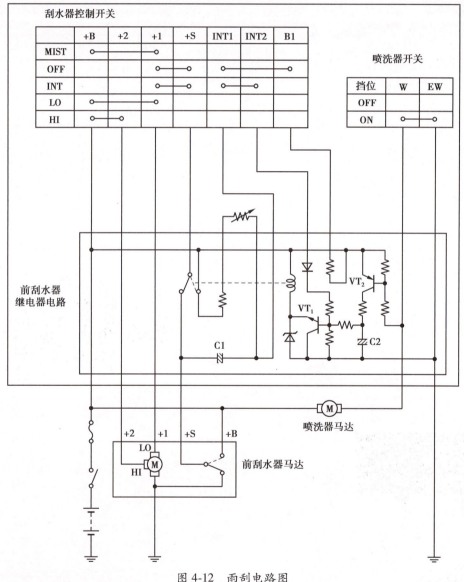

图 4-12　雨刮电路图

①雨刮低速挡电路:蓄电池+→点火开关→雨刮系统保险丝→雨刮开关+B 端子→雨刮开关+1 端子→雨刮电动机+1 端子→雨刮电机→搭铁。

②雨刮喷水挡电路:蓄电池+→点火开关→雨刮系统保险丝→喷水器马达→喷水器开关W 端子→喷水器开关 E 端子→搭铁。喷水的同时雨刮以低速挡运转。

③雨刮复位挡电路:当关闭雨刮时,雨刮片还处在前挡风玻璃的下方,此时雨刮电动机将继续运转,直到雨刮片复位为止。

蓄电池+→点火开关→雨刮系统保险丝→雨刮电动机+B 端子→雨刮电动机+S 端子→间歇继电器内部常闭开关→雨刮开关+S 端子→雨刮开关+1 端子→雨刮电动机+1 端子→雨刮电机→搭铁,雨刮电动机低速运转复位。

雨刮间歇挡是靠雨刮继电器来完成的,利用电容充放电的原理来控制雨刮继电器内部的常闭开关打开的时间。常闭开关打开的时间即为雨刮间歇挡间歇的时间,有些雨刮系统间歇的时间是可以调整的。

〈学生工作页〉

一、雨刮系统零部件的检查

1.雨刮开关的检查

根据奇瑞雨刮开关内部结构图,如图 4-13 所示,检查雨刮开关的好坏。

插脚	4	3	9	8	7	6	5
OFF						●—●	
AUTO				●—●		●—●	
LO				●—●—●			
HI			●—●				
喷水	●—●					●—●	

图 4-13　奇瑞雨刮开关内部结构图

挡位	导通性(端子之间)	检查结果
OFF		
AUTO		
LO		
HI		
喷水		

2.雨刮电机的检查

根据卡罗拉雨刮电动机端子图,如图 4-14 所示,检查雨刮电动机的好坏。

检查项目	检查方法	检查结果
雨刮电机低速通电测试	雨刮电动机 1 号端子接蓄电池+,5 号端子接蓄电池−	
雨刮电机高速通电测试	雨刮电动机 4 号端子接蓄电池+,5 号端子接蓄电池−	

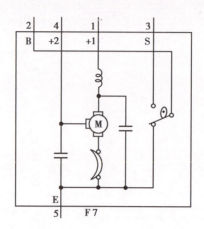

图 4-14　卡罗拉雨刮电动机端子位置

3.洗涤泵的检查

根据卡罗拉洗涤泵端子图,如图 4-15 所示,检查洗涤泵的好坏。

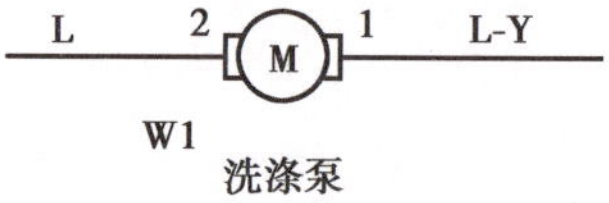

L　　2　Ⓜ　1　L-Y

W1
洗涤泵

图 4-15　卡罗拉洗涤泵端子位置

检查项目	检查结果	好坏判断
工作电压检查		
洗涤泵电阻测量		
洗涤泵通电测试		

4.雨刮片总成的检查

检查项目	图　例	检查结果
雨刮片	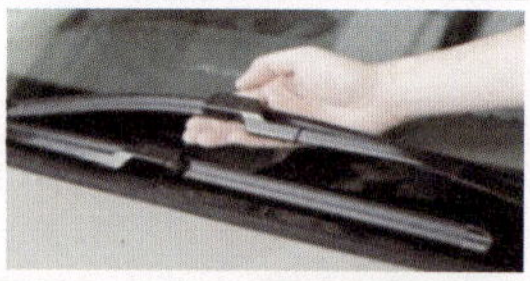	
雨刮片刮水效果检查		
喷水角度的检查	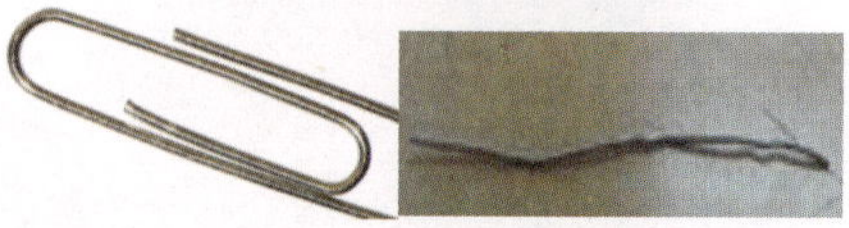 将准备好的回形针弄直,如上图,最好越直越好	
喷水角度的调整	 轻轻地插入这个小孔,扭动回形针,就可以改变出水口的位置	

活动三　汽车雨刮不工作故障诊断方案的制订

【学习目标】

　　●通过查阅保养手册或维修手册,能正确准备相关维修用具;

　　●通过查阅保养手册或维修手册,能作好维修场地的准备工作;

　　●通过查阅保养手册或维修手册,能列举出雨刮系统各零部件或总成拆装的步骤及注意事项。

【学习准备】

　　雨刮系统台架、实训整车、维修手册、多媒体设备、互联网资源。

【建议课时】

　　4 课时。

【学习过程】

〈学生信息页〉

　　汽车雨刮工作不良的原因主要有雨刮系统保险丝烧断、雨刮开关损坏、雨刮电机损坏、雨刮片变形、雨刮控制模块损坏、雨刮线路短路或者断路、点火开关损坏、洗涤泵损坏、洗涤管道堵塞、雨刮连杆机构变形卡死。

〈学生工作页〉

一、汽车雨刮不工作原因分析

　　请根据信息页的提示,把丰田卡罗拉汽车雨刮不工作故障的原因填写到图 4-16 的鱼骨图方框内。

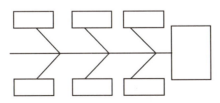

图 4-16　雨刮不工作故障原因分析

二、汽车雨刮不工作故障诊断流程的制订

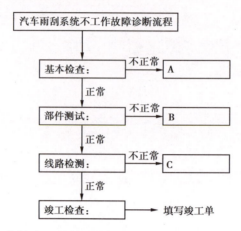

汽车雨刮不工作故障诊断流程的填写说明：

A：填写基本检查的具体项目，并记录检查的数据和写出处理意见。

_____

_____

B：填写部件测试的具体项目，并记录检查的数据和写出处理意见。

_____

_____

C：填写线路检查的具体项目，并记录检查的数据和写出处理意见。

_____

_____

【任务拓展】

情境描述：维修前台接到客户张先生电话，反映车辆雨刮洗涤系统出现故障，使用雨刮开关时不喷玻璃水但是洗涤罐玻璃水是充足的。请分析原因并写出诊断思路。

1.原因分析
A：_____
B：_____
C：_____
2.诊断思路
第一步：_____
第二步：_____
第三步：_____

活动四　汽车雨刮系统零部件的拆装与更换

【学习目标】

　　•能根据制订的汽车雨刮系统零部件更换方案正确选用工量具,对汽车雨刮系统的故障零部件(雨刮开关、雨刮电动机、洗涤泵、雨刮片等)进行就车拆卸。

　　•能正确填写维修工单和维修过程记录单。

【学习准备】

　　雨刮系统台架、实训整车、维修手册、多媒体设备、互联网资源。

【建议课时】

　　8课时。

【学习过程】

〈学生信息页〉

一、更换雨刮片

　　更换雨刮片的步骤如图4-17所示。

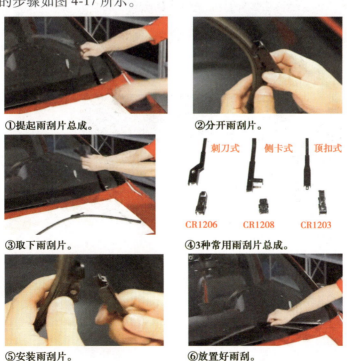

①提起雨刮片总成。　②分开雨刮片。

刺刀式　侧卡式　顶扣式

CR1206　CR1208　CR1203

③取下雨刮片。　④3种常用雨刮片总成。

⑤安装雨刮片。　⑥放置好雨刮。

图4-17　更换雨刮片的步骤图

二、更换雨刮开关

更换雨刮开关的步骤如图 4-18 所示。

①拆卸转向盘下方的上盖。

②拆卸转向盘下方的下盖固定螺丝，取出转向盘下盖。

③拆下雨刮开关总成。

④拆下雨刮开关总成电插头。

图 4-18　更换雨刮开关

三、更换雨刮电动机总成

更换雨刮电动机总成的步骤如图 4-19 所示。

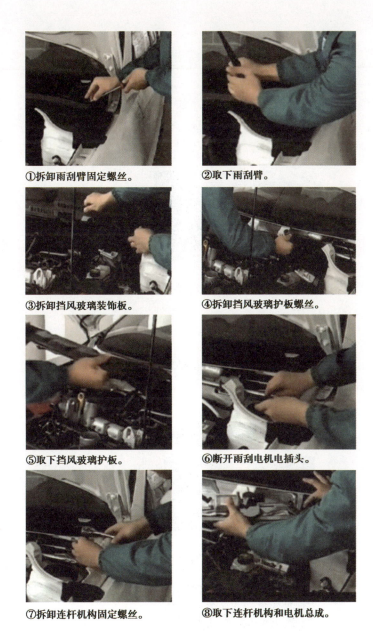

①拆卸雨刮臂固定螺丝。

②取下雨刮臂。

③拆卸挡风玻璃装饰板。

④拆卸挡风玻璃护板螺丝。

⑤取下挡风玻璃护板。

⑥断开雨刮电机电插头。

⑦拆卸连杆机构固定螺丝。

⑧取下连杆机构和电机总成。

图 4-19 更换雨刮电动机总成

备注:汽车雨刮电机总成更换后要检查雨刮各挡位工作是否正常,如果雨刮工作不正常应查明原因,并对雨刮连杆机构、雨刮电机的复位装置等进行调整。

〈学生工作页〉

一、结合实训车辆,参考维修手册,按图例提示实施电动机拆装,并填写下表

拆卸步骤	图例	作业记录
①按照规范拆卸前刮水器片	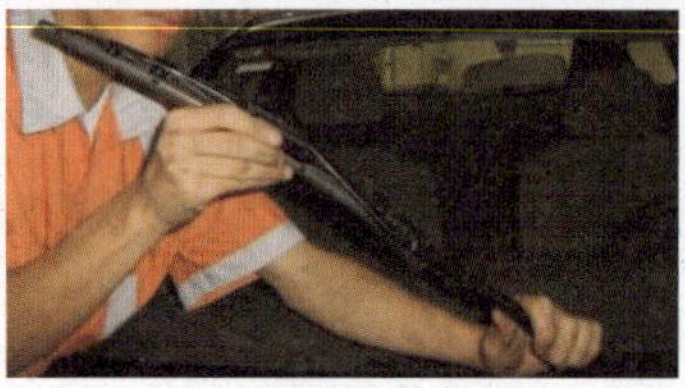	车型：_____ 拆装步骤及注意事项： _____ _____ _____ _____ 检查刮水片是否完好？ _____ _____ _____
②拆卸雨刮臂	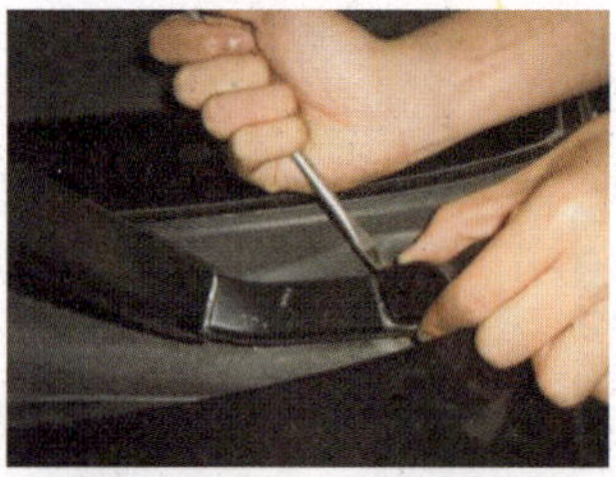	看图作答:左图在拆卸什么？ _____ 列举拆卸工具： _____
	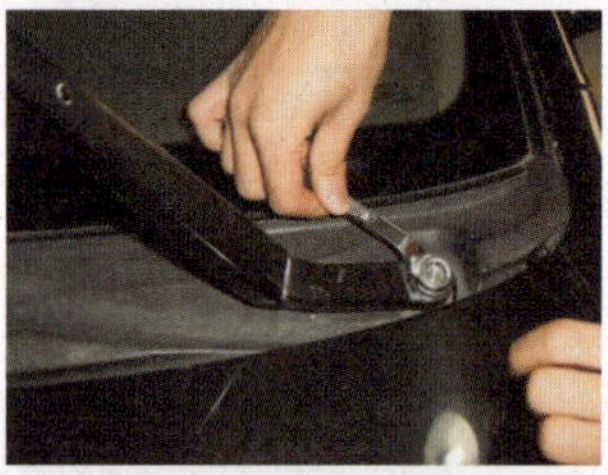	看图作答:左图在拆卸什么？ _____ 列举拆卸工具： _____
③用正确的方法拆下发动机前盖水槽板的塑料固定钉,取下水槽板	 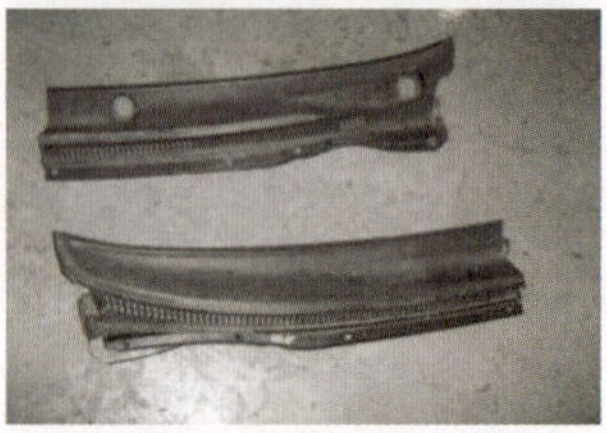 	看图作答:左图在拆卸什么？ _____ 列举拆卸工具： _____ 注意事项： _____

续表

拆卸步骤	图例	作业记录
④拆下雨刮连杆机构支架的两个固定螺母,断开雨刮电机的控制线连接器,将刮水器连杆总成取下	 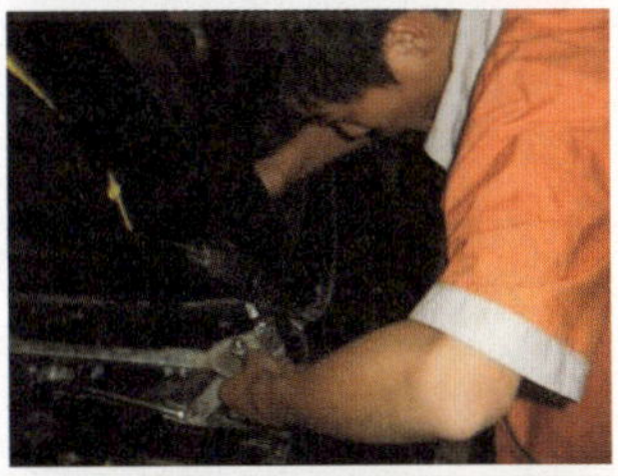	看图作答:左图在拆卸什么? _____ 列举拆卸工具: _____ 刮水器连杆固定螺丝的上进力矩是_____ N·m
	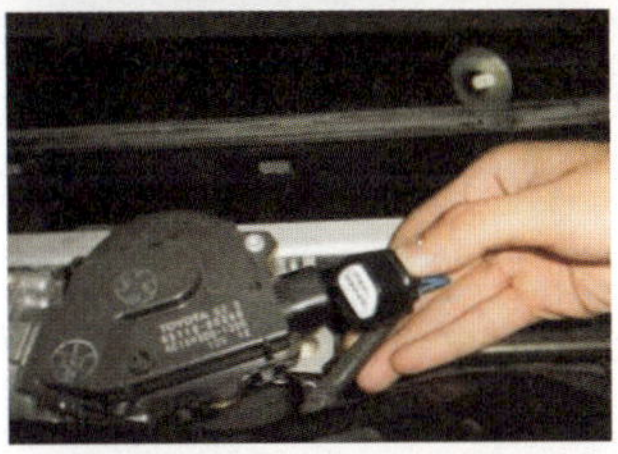	看图作答:左图在拆卸什么? _____ 注意事项: _____
⑤松开雨刮电机的固定螺母,将雨刮电机与连杆机构分开	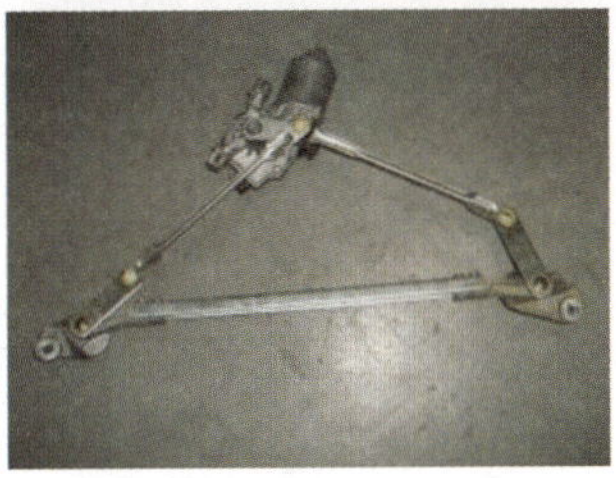	看图作答:左图在拆卸什么? _____ 列举拆卸工具: _____

二、更换洗涤装置零部件

本田雅阁清洗器导管的更换拆装步骤:

①拆下左侧内挡泥板。

②拆下挡风玻璃清洗器喷嘴和夹子,然后拆下清洗器导管。

③按照与拆卸相反的顺序进行安装。小心不要夹紧清洗器导管,并检查挡风玻璃清洗器的工作情况。

问题:清洗器导管如果密封性能不好,有哪些后果?

_____

本田雅阁清洗器储液罐的更换拆装步骤：

①拆开左侧内挡泥板。

②断开清洗器导管和清洗器电机插头。

③卸下3个螺栓,然后拆下清洗器储液罐。

④按照与拆卸相反的顺序进行安装。检查清洗器电机的工作情况。

问题1:找出洗涤泵的位置,查看洗涤泵电插头,洗涤泵工作电压是_____V。

问题2:根据实训车辆,找出洗涤泵的型号_____。

问题3:洗涤器液位传感器的作用。

_____

活动五 考核评价

【考核内容】

- 雨刮系统理论认知的考核;
- 雨刮系统实际操作的考核;
- 5S 管理意识的考核;
- 团队合作能力的考核;
- 口头表达能力的考核。

【建议课时】

4 课时。

【考核过程】

课程名称	汽车电气维修	学生姓名	
学习任务	雨刮系统不工作故障	班级	

【情境描述】

近几日,广州经常下雨,车主张先生在使用雨刮时发现雨刮系统只有高速挡没有低速挡,于是将车开往维修厂进行检修。该车车型为 2006 款丰田卡罗拉,里程表显示行驶里程为 80 000 km。你所在的维修公司前台接车员接待了车主张先生,车主想了解该车是什么原因造成雨刮系统无低速挡,并要求尽快帮其解决。

【任务要求】

(1)能遵守汽车电气维修学习工作站规程与守则和执行电气安全操作规范。

续表

（2）能根据维修工单就车确认故障现象。

（3）能快速查阅电气相关资料并识读维修手册、电路图等技术资料，获取汽车雨刮系统零部件或总成（刮水电机和喷水电机、雨刮组合开关、间歇继电器及保险、系统线路）的分解方法与检测步骤。

（4）能根据维修流程，利用工量具、检测仪器对产生故障的汽车雨刮系统零部件或总成（刮水电机和喷水电机、雨刮组合开关、间歇继电器及保险、系统线路）进行检修。

（5）能进行汽车雨刮系统零部件与总成的拆卸、分解、检修、更换并装复调试。

【参考资料】

完成上述任务时，你可以使用所有的常见教学资料，例如，工作页、专业教材、维修手册、个人笔记以及万用表等。

1.请用黑色的笔画出情境描述中的关键词，并把它抄写在横线上。

_____

_____

_____

2.根据车主描述，试车确认雨刮系统的故障现象并记录。

_____

_____

3.根据以上任务描述和驾驶人对故障现象的描述，你能想到的可能的故障原因有哪些？请列出。

_____

_____

4.制订汽车雨刮无低速挡故障的诊断流程图（包括诊断的方法和处理措施）。

_____

_____

_____

5.结合汽车雨刮无低速挡故障，给车主提出合理性的驾驶或保养建议。

_____

_____

_____

一、雨刮系统作业记录表

学生姓名		班　级	
车辆信息 车辆型号		里程表/km	
车辆识别代码（VIN）			
发动机型号			

项　目	操作提示	填写检测结果或者数据
1.维修准备	检测小组进行合理分工	
2.工量具准备	常用和专用工具的准备	
3.安全检查	油、水、电的检查	
4.故障现象确认	主要检查仪表盘的报警灯	
5.确定故障范围	列举故障产生的原因	
6.基本检查	对故障系统进行初步检查	
7.部件测试	对被怀疑的部件进行部件测试，须注明元件名称/插接件代码、针脚编号和测量结果	
8.电路测量	对被怀疑的线路进行测量，须注明插件代码和编号，控制单元针脚代号以及测量结果	
9.故障部位确认和排除	根据上述所有检测结果，确定故障内容并注明： ①确定的故障是：＿＿＿＿＿＿＿＿＿＿＿＿ ②故障点的排除处理说明：＿＿＿＿＿＿＿＿＿	
10.竣工检查	维修后确认功能并填写结果	
11.5S 管理	维修完成后整理工具和设备	

二、雨刮系统考核评分标准

课程名称				汽车雨刮系统的检修			
学习任务名称	汽车雨刮不工作故障		学生姓名				
评价项目	评价内容	分值/分	评分标准		得分/分	小计分数	扣分原因
专业能力	汽车雨刮系统零部件位置查找	5	每漏一项扣1分				
	雨刮系统机械部件的检查	5	检查不正确不得分				
	雨刮保险丝的检查	5	检查不正确不得分				
	雨刮继电器的检查	5	检查不正确不得分				
	雨刮片的更换	5	操作不规范每项扣1分				
	雨刮电机的更换	10	每漏一项扣1分;操作不规范每项扣1分				
	雨刮电机端子电压测量	10	流程不正确每项扣1分;操作不规范每项扣1分				
	雨刮开关的更换	5	操作不规范每项扣1分				
	油、水、电的安全检查	5	每漏一项扣1分				
	维修前的工量具准备	5	每漏一项扣1分;操作不规范每项扣1分				
通用能力	能读懂任务书,与客户或维修主管进行有效沟通,记录关键内容,整理客户需求	5	没有沟通扣2分;沟通不到位扣1分;无记录扣2分				
	能查阅相关维修资料,获取相关的维修等信息	5	没有查阅扣3分,查阅方法不对扣2分				
	能从满足客户功能需求、使用价值和企业工作规范、安全性、环保性、成本效益等角度考虑	5	完全不符合每项扣1分				
	能及时有效地解决维护过程中的突发问题	5	完全没有解决扣3分;解决不及时扣2分;无突发问题不扣分				
	能对已完成的工作进行记录存档、评价和反馈	5	无记录扣2分				
	在维护过程中保持5S、三不落地,完工后对工位进行恢复整理	5	零件、工具、油水落地每项扣1分;5S整理每漏一项扣1分				
	表述仪态自然、吐字清晰、思路清晰,且与实际相符	5	仪态不自然、吐字不清、思路不清晰每项扣1分;表述与实际不符扣1分				
	分工明确,团队合作融洽	5	分工不明确扣2分;团队合作不融洽扣2分				
总　　分							

三、雨刮系统专业知识理论考核

1.开汽车雨刮(   )打开点火开关。

    A.需要   B.不需要

2.汽车雨刮片不能正常复位的原因是(   )。

    A.保险丝烧断   B.安装不到位

3.汽车雨刮只是没有间歇挡,其他挡位正常,可能的原因是(   )。

    A.雨刮电动机损坏   B.雨刮继电器损坏

4.汽车自动雨刮需要(   )传感器。

    A.水温   B.雨滴

5.汽车雨刮的电动机是(   )。

    A.直流电机   B.交流电机

6.汽车雨刮电动机内部电刷有(   )。

    A.2 个   B.3 个   C.4 个

7.汽车雨刮电动机一般是(   )电动机。

    A.永磁   B.励磁

8.汽车雨刮间歇挡一般用在下(   )时。

    A.毛毛雨   B.大雨

9.汽车雨刮电动机低速电刷损坏会导致(   )。

    A.雨刮所有挡位都不工作   B.只有高速挡工作

10.当气温比较低时,在使用雨刮时(   )检查雨刮片是否被冻住。

    A.不需要   B.需要

学习任务五 ｜ 汽车电动车窗系统的检修

【学习目标】

- 能正确操作电动车窗开关检查电动车窗功能是否正常；
- 通过查阅保养手册或维修手册,能找出电动车窗系统各零部件或者总成的位置；
- 通过查阅保养手册或维修手册,能列举出电动车窗系统各零部件或者总成拆装的步骤及注意事项；
- 能规范实施电动车窗系统各零部件或总成拆装与更换；
- 能完成工作页和维修工单的填写。

【任务分解】

- 电动车窗系统的检查；
- 更换电动车窗开关；
- 更换电动车窗升降器。

【教学活动】

活动一　汽车电动车窗系统信息收集

活动二　汽车电动车窗系统的检查

活动三　汽车电动车窗不工作故障诊断方案的制订

活动四　汽车电动车窗系统零部件的拆装与更换

活动五　考核评价

【建议课时】

20 课时。

【情境引入】

　　维修前台接到客户张先生电话,反映车辆电动车窗系统出现故障,右前电动车窗不能正常工作,经技术人员确定是电动车窗电动机损坏导致的,请查看维修手册,在规定的时间内完成对电动车窗电动机的更换,完成后交付班长验收。

活动一　汽车电动车窗系统信息收集

【学习目标】

- 能正确操作电动车窗开关,检查电动车窗系统各挡位工作是否正常；
- 通过查阅保养手册或维修手册,能找出电动车窗系统各零部件或者总成的位置；

● 能列举电动车窗系统的组成。

【学习准备】

　　电动车窗系统台架、实训整车、维修手册、多媒体设备、互联网资源。

【建议课时】

　　4 课时。

【学习过程】

〈学习信息页〉

一、电动车窗系统的组成及零部件位置(图 5-1)

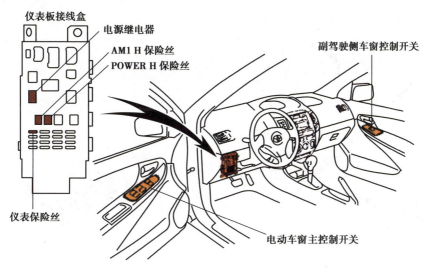

图 5-1　电动车窗零部件位置示意图

　　汽车电动车窗系统的组成主要包括驾驶员主控开关、乘客分控开关、电动车窗保险丝、玻璃升降器总成以及连接线路等。控制开关一般有两套：一套为总开关，装在仪表板或驾驶员侧的车门上，另一套为分开关，分别安装在每个车窗上。因为所有车窗的电动机都要通过总开关搭铁，所以如果总开关断开，分开关就不能起作用。

　　电动车窗主控开关位于驾驶员左侧，可以实现对 4 个车窗的单独控制，同时还可以限制乘客对电动车窗的控制(图 5-2)。

　　每个乘客都对应一个分控开关，在主控开关不干预的情况下可以对乘客侧的电动车窗进行升降(图 5-3)。

图 5-2　主控开关位置　　　　　　　　图 5-3　分控开关位置

绳轮式玻璃升降器由电动机驱动卷丝筒转动,带动钢丝绳并拉动玻璃托架在导轨中上下运动(图 5-4)。这种升降器的优点是零件少,质量小,结构简单,安装位置可调整。缺点是安装时必须调整钢丝绳导向板的位置,使其与窗上的玻璃导向槽平行。否则,玻璃运动时,易产生玻璃与导向槽卡住现象。绳轮式玻璃升降器主要应用于轿车,其他汽车很少使用。

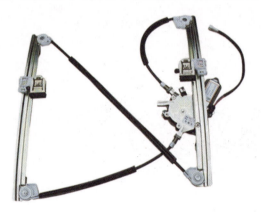

图 5-4　绳轮式玻璃升降器　　　　　　图 5-5　交叉臂式玻璃升降器

交叉双臂式:电动机驱动小齿轮带动扇形齿板转动,通过交叉臂的杠杆带动玻璃托架上下运动,完成玻璃在导轨中的上下移动。这种升降器的优点是强度高,加工方便,玻璃是由两交叉臂端部支承的,在运动过程中,支承中心始终接近玻璃质心,支承宽度较大,因此升降较为平稳,被普遍采用。这种结构可以用于车门窗框上具有非平行的玻璃导植上的玻璃升降。缺点是较其他类型的电动玻璃升降器质量大,如图 5-5 所示。

二、电动车窗系统常见故障

①所有车窗不工作。

②某个车窗不工作。

③升降不正常(卡滞、异响)。

④一键升降失灵。

⑤防夹功能失灵。

〈学生工作页〉

一、看图并在括号内写出相应图片名称以及功能名称

	左图名称：（　　　　　　　　　） 左图1功能：（　　　）　左图2功能：（　　　） 左图3功能：（　　　）　左图4功能：（　　　） 左图5功能：（　　　）
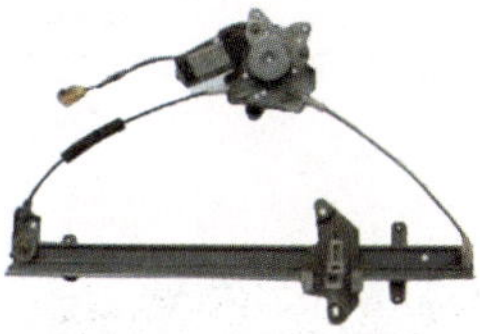	左图名称：（　　　　　　　　　） 作用：
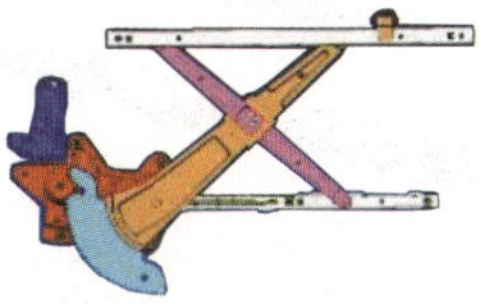	左图名称：（　　　　　　　　　） 作用：
	左图名称：（　　　　　　　　　） 作用：

二、根据实训车辆,检查电动车窗功能好坏并填写检查结果

车型	功能检查	检查结果
	左前电动车窗（主控开关控制）	
	右前电动车窗（主控开关控制）	
	左后电动车窗（主控开关控制）	
	右后电动车窗（主控开关控制）	
	右前电动车窗（分控开关控制）	
	左后电动车窗（分控开关控制）	
	右后电动车窗（分控开关控制）	
	车窗锁止开关	

【拓展学习】

1.图 5-6 中汽车电动车窗主控开关上的 AUTO 表示什么含义？

图 5-6　汽车电动车窗主控开关

2.简述图 5-7 中具有防夹功能的电动车窗的组成。

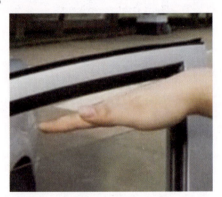

图 5-7　带防夹功能的电动车窗

活动二　汽车电动车窗系统的检查

【学习目标】

- 能正确操作电动车窗开关,检查车窗功能是否正常;
- 通过查阅使用手册或维修手册,能找出电动车窗系统各零部件或总成的位置;
- 能列举电动车窗系统的组成;
- 能读懂简单的电动车窗电路图。

【学习准备】

电动车窗系统台架、实训整车、维修手册、多媒体设备、互联网资源。

【建议课时】

4 课时。

【学习过程】

〈学生信息页〉

一、电动车窗控制电路图（端子介绍）

电动车窗控制电路图（端子介绍），如图 5-8 所示。

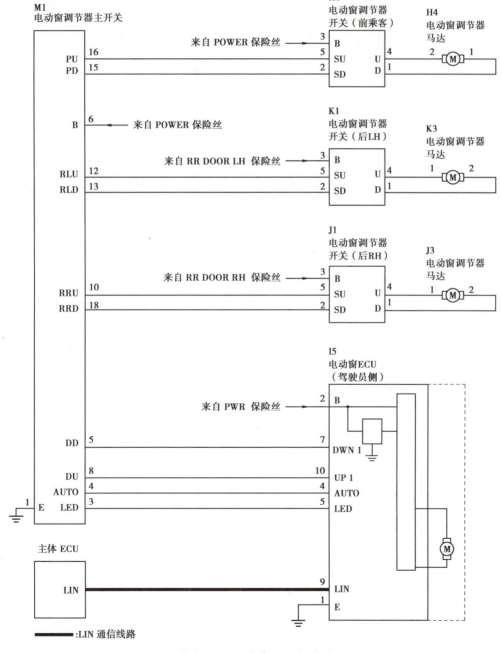

图 5-8　电动车窗控制电路图

LED:电动车窗开关上的指示灯。

AUTO:电动车窗具有点动功能。

UP:电动车窗上升控制键。

DOWN:电动车窗下降控制键。

LIN:电动车窗控制模块通信线。

E:搭铁端子。

1.主控开关控制升降电路路径

对于右前车窗的乘客,当抬起右前车窗控制开关时:蓄电池+→电动车窗保险丝→主控开关(PU)→分控开关SU→内部常闭触点→分控开关U→电动车窗电机1→电动车窗电机2→分控开关D→内部常闭触点→分控开关SD→主控开关(PD)→主控开关搭铁。此时可以实现右前车窗的上升控制。

当按下右前车窗控制开关时:蓄电池+→电动车窗保险丝→主控开关(PD)→分控开关SD→内部常闭触点→分控开关D→电动车窗电机2→电动车窗电机1→分控开关U→内部常闭触点→分控开关SU→主控开关(PU)→主控开关搭铁。此时可以实现右前车窗的下降控制。

2.分控开关控制升降电路路径

对于右前车窗的乘客,当抬起右前车窗控制开关时:蓄电池+→电动车窗保险丝→分控开关(B)→分控开关U→电动车窗电机1→电动车窗电机2→分控开关D→内部常闭触点→分控开关SD→主控开关(PD)→主控开关搭铁。此时可以实现右前车窗的上升控制。

对于右前车窗的乘客,当按下右前车窗控制开关时:蓄电池+→电动车窗保险丝→分控开关(B)→分控开关D→电动车窗电机2→电动车窗电机1→分控开关U→内部常闭触点→分控开关SU→主控开关(PU)→主控开关搭铁。此时可以实现右前车窗的下降控制。

3.驾驶员侧控制升降电路路径

驾驶员侧玻璃升级的控制原理是主控开关把升降的信号传给驾驶员侧电动机控制电脑,电动机控制玻璃升降器的上升和下降。

二、电动车窗控制开关的检查

丰田卡罗拉电动车窗分控开关内部结构图,如图5-9所示。

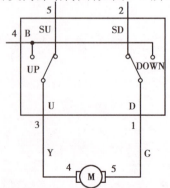

图5-9　丰田卡罗拉电动车窗分控开关

检查项目		检查方法和标准
分控开关导通性检查	UP 开关	2 号端子和 1 号端子；3 号端子和 4 号端子应导通
	DOWN 开关	3 号端子和 5 号端子；1 号端子和 4 号端子应导通
	常闭开关 1	3 号端子和 5 号端子应导通
	常闭开关 2	1 号端子和 2 号端子应导通

三、电动车窗主控开关供电的检查

通过查阅丰田卡罗拉维修电路图，如图 5-10 所示，电动车窗主控开关供电有两个，分别是 6 号和 7 号端子，其中 6 号端子为钥匙电端子，7 号端子为常电端子；搭铁端子为 1 号端子。

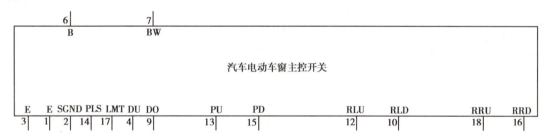

图 5-10 丰田卡罗拉电动车窗主控开关位置图

使用万用表电压挡测量 6 号端子、7 号端子与搭铁端子 1 号端子之间的电压应为蓄电池电压，否则要检查电动车窗主控开关供电的保险丝和继电器。

检测项目	检测方法	检查标准
6 号端子与搭铁 1 号端子之间的电压	钥匙打开到 ON 挡，采用直流电压挡检测	应为蓄电池电压
7 号端子与搭铁 1 号端子之间的电压	钥匙不打开，采用直流电压挡检测	应为蓄电池电压

〔学生工作页〕

一、电动车窗主控开关的检查

检查项目		检查结果
主控开关供电的检查	电压检查	
主控开关导通性检查	左前开关	
	右前开关	
	左后开关	
	右后开关	

二、电动车窗分控开关的检查

检查项目		检查结果
分控开关供电的检查	电压检查	
分控开关导通性检查	UP 开关	
	DOWN 开关	
	常闭开关 1	
	常闭开关 2	

三、电动车窗电动机的检查

检查项目	检查结果	标准值
工作电压的检查		
电动机电阻检查		

活动三　汽车电动车窗不工作故障诊断方案的制订

【学习目标】

- 通过查阅保养手册或维修手册,能正确准备相关维修用具;
- 通过查阅保养手册或维修手册,能作好维修场地的准备工作;
- 通过查阅保养手册或维修手册,能列举出电动车窗系统各零部件或者总成拆装的步骤及注意事项。

【学习准备】

电动车窗系统台架、实训整车、维修手册、多媒体设备、互联网资源。

【建议课时】

4 课时。

【学习过程】

〈学生信息页〉

电动车窗系统工作不良的原因主要有电动车窗保险丝烧断、电动车窗电机损坏、玻璃升降器缺少润滑油、玻璃升降器机械装置损坏、车窗电动机需要重新设置。

〈学生工作页〉

一、汽车电动车窗系统不工作的原因分析

　　请根据信息页的提示,把丰田卡罗拉汽车电动车窗系统不工作故障的原因填写到图5-11中的鱼骨图方框内。

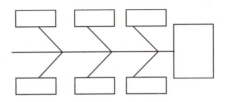

图 5-11　电动车窗系统不工作的原因分析

二、汽车电动车窗不工作故障诊断流程的制订

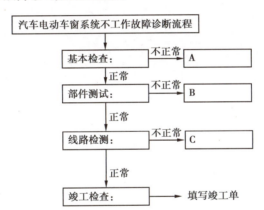

　　丰田卡罗拉汽车电动车窗不工作故障诊断流程填写说明:

　　A:填写基本检查的具体项目,并记录检查的数据和写出处理意见。

_____

_____

　　B:填写部件测试的具体项目,并记录检查的数据和写出处理意见。

_____

_____

　　C:填写线路检测的具体项目,并记录检查的数据和写出处理意见。

_____

_____

【任务拓展】

　　情境描述:维修前台接到客户张先生电话,反映丰田卡罗拉汽车电动车窗系统出现故障,除了驾驶员侧电动车窗正常工作,其他电动车窗都不能正常地升降,请你分析原因并写出诊断的思路。

1.原因分析:

A:_____

B:_____

C:_____

2.诊断思路:

第一步:_____

第二步:_____

第三步:_____

活动四　汽车电动车窗系统零部件的拆装与更换

【学习目标】

●能根据制订的汽车电动车窗系统零部件更换方案正确选用工量具,对汽车电动车窗系统的故障零部件(电动车窗控制开关、车窗升降器等)进行就车拆卸;

●能正确填写维修工单和维修过程记录单。

【学习准备】

电动车窗系统台架、实训整车、维修手册、多媒体设备、互联网资源。

【建议课时】

8课时。

【学习过程】

〈学生信息页〉

一、更换电动车窗主控开关

更换电动车窗主控开关的步骤如图5-12所示。

①拆卸电动车窗开关固定螺丝。

②取下电动车窗开关总成。

③拆卸电动车窗开关总成插头。

图 5-12　更换电动车窗主控开关的步骤

备注:更换电动车窗主控开关后,要进行功能测试,确保电动车窗正常工作。

二、更换电动车窗升降器

更换电动车窗升降器的步骤如图 5-13 所示。

①拆卸车门内把手固定螺丝。

②拆卸车门内饰板。

③拆卸车门内饰板固定螺丝。

④拆卸车门内饰板。

⑤拆卸车门保护膜。

⑥让车窗玻璃上升到合适位置。

⑦拆卸玻璃固定螺丝，取下车窗玻璃。

⑧断开玻璃升降器线束插头。

⑨拆卸玻璃升降器与车门的固定螺丝。

⑩取下车窗玻璃升降器总成。

图 5-13　更换电动车窗升降器的步骤

备注：电动车窗升降器的安装按照相反的顺序进行。

〈学生工作页〉

一、结合实训车辆和信息页提示回答问题

车型车系		
电动车窗主控开关	电源线的颜色	
	搭铁线的颜色	
电动车窗分控开关	电源线的颜色	
玻璃升降器类型	□绳轮式升降器	□交臂式升降器
电动车窗电机电阻测量		
电动车窗电机工作电压	□5 V	□12 V

二、结合实训车辆和信息页提示回答问题

电动车窗分控开关拆装	工具列举：_____ 拆装主要步骤： ①_____ ②_____ ③_____ ④_____ ⑤_____ ⑥_____

三、结合实训车辆和信息页提示回答问题

电动车窗玻璃升降器 总成安装	工具列举：_____ 安装步骤： ① _____ ② _____ ③ _____ ④ _____ ⑤ _____ ⑥ _____

活动五　考核评价

【考核内容】

- 电动车窗系统理论认知的考核；
- 电动车窗系统实操能力的考核；
- 5S 管理意识的考核；
- 团队合作能力的考核；
- 口头表达能力的考核。

【建议课时】

4 课时。

【考核过程】

一、电动车窗系统作业记录表

	学生姓名		班　级	
车辆信息	车辆型号		里程表/km	
	车辆识别代码(VIN)			
	发动机型号			

项　目	操作提示	填写检测结果或者数据
1.维修准备	检测小组进行合理分工	
2.工量具准备	常用和专用工具的准备	
3.安全检查	油、水、电的检查	
4.故障现象确认	主要检查仪表盘的报警灯	
5.确定故障范围	列举故障产生的原因	
6.基本检查	对故障系统进行初步检查	
7.部件测试	对被怀疑的部件进行部件测试,须注明元件名称/插接件代码、针脚编号和测量结果	
8.电路测量	对被怀疑的线路进行测量,须注明插件代码和编号,控制单元针脚代号以及测量结果	
9.故障部位确认和排除	根据上述所有检测结果,确定故障内容并注明: ①确定的故障是：＿＿＿＿＿＿＿＿＿＿＿＿＿ ②故障点的排除处理说明：＿＿＿＿＿＿＿＿＿	
10.竣工检查	维修后确认功能并填写结果	
11.5S 管理	维修完成后整理工具和设备	

二、电动车窗系统考核评分标准

课程名称				汽车电动车窗系统的检修			
学习任务名称	汽车电动车窗不工作		学生姓名				
评价项目	评价内容	分值/分	评分标准		得分/分	小计分数	扣分原因
专业能力	汽车电动车窗系统零部件位置查找	5	每漏一项扣1分				
	汽车电动车窗系统电路图识读	5	根据回答酌情扣分				
	汽车电动车窗系统保险丝、继电器的检查	5	不会检查不得分,检查方法不规范酌情扣分				
	汽车电动车窗控制开关的检查	5	检测思路不清晰、检测不规范酌情扣分				
	汽车电动车窗控制开关的更换	10	流程不正确每项扣1分				
	汽车电动车窗电机总成的检查与更换	10	每漏一项扣1分;操作不规范每项扣1分				
	汽车电动车窗分控开关的检查与更换	5	操作不规范每项扣1分				
	蓄电池的检查	5	操作不规范每项扣1分				
	油、水、电的安全检查	5	每漏一项扣1分				
	维修前的工量具准备	5	每漏一项扣1分;操作不规范每项扣1分				
通用能力	能读懂任务书,与客户或维修主管进行有效沟通,记录关键内容,整理客户需求	5	没有沟通扣2分;沟通不到位扣1分;无记录扣2分				
	能查阅相关维修资料,获取汽车电动车窗不工作的维修等信息	5	没有查阅扣3分,查阅方法不对扣2分				
	能从满足客户功能需求、使用价值和企业工作规范、安全性、环保性、成本效益等角度考虑	5	完全不符合每项扣1分				
	能及时有效地解决维修过程中的突发问题	5	完全没有解决扣3分;解决不及时扣2分;无突发问题不扣分				
	能对已完成的工作进行记录存档、评价和反馈	5	无记录扣2分				
	在维修过程中保持5S、三不落地,完工后对工位进行恢复整理	5	零件、工具、油水落地每项扣1分;5S整理每漏一项扣1分				
	表述仪态自然、吐字清晰、思路清晰,且与实际相符	5	仪态不自然、吐字不清、思路不清晰每项扣1分;表述与实际不符扣1分				
	分工明确,团队合作融洽	5	分工不明确扣2分;团队合作不融洽扣2分				
总 分							

三、电动车窗系统专业知识理论考核

1.汽车电动车窗按键上的"AUTO"表示(　　)。

　　A.指示灯　　　　　　B.一键升降

2.有些车型当断开蓄电池负极后,汽车电动车窗一键升降功能会失效(　　)。

　　A.正确　　　　　　　B.错误

3.驾驶员侧的主控开关可以限制乘客侧分控开关(　　)。

　　A.正确　　　　　　　B.错误

4.汽车电动车窗电动机工作电压(　　)。

　　A.5 V　　　　　　　　B.12 V

5.汽车电动车窗乘客端分控开关损坏时不会影响主控开关的操控(　　)。

　　A.正确　　　　　　　B.错误

6.汽车电动车窗电动机电阻正常值为(　　)。

　　A.1~2 Ω　　　　　　B.5~10 Ω

7.检查汽车电动车窗主控开关供电是否正常时,(　　)打开点火开关。

　　A.需要　　　　　　　B.不需要

8.检查电动车窗分控开关的导通性时,应(　　)分控开关的电路。

　　A.接通　　　　　　　B.断开

9.当驾驶员侧电动车窗模块接收到车窗开关信号电压为高电压时,执行(　　)命令。

　　A.上升　　　　　B.下降　　　　　　C.不工作

10.当驾驶员侧电动车窗模块接收到车窗开关信号电压为低电压时,执行(　　)命令。

　　A.上升　　　　　B.下降　　　　　　C.不工作

 学习任务六 | 汽车中控门锁系统的检修

【学习目标】

- 能正确操作中控锁开关,检查中控门锁功能是否正常;
- 通过查阅保养手册或维修手册,能找出中控门锁系统各零部件或者总成的位置;
- 通过查阅保养手册或维修手册,能列举出中控门锁系统各零部件或者总成拆装的步骤及注意事项;
- 能规范实施中控门锁系统各零部件或者总成拆装与更换;
- 能完成工作页和维修工单的填写。

【任务分解】

- 更换中控门锁电动机或者双向压力泵;
- 更换中控门锁开关;
- 更换中控门锁线束。

【教学活动】

活动一　汽车中控门锁系统信息收集

活动二　汽车中控门锁系统的检查

活动三　汽车中控门锁不工作故障诊断方案的制订

活动四　汽车中控门锁系统零部件的拆装与更换

活动五　考核评价

【建议课时】

20 课时。

【情境引入】

　　维修前台接到客户张先生电话,反映车辆中控门锁系统出现故障,按下中控锁开关后左前车门不能上锁。经技术人员确定是中控门锁电动机故障导致的,请查看维修手册,在规定的时间内完成对中控门锁电动机的更换,完成后交付班长验收。

活动一　汽车中控门锁系统信息收集

【学习目标】

- 能正确操作中控门锁开关检查中控门锁系统工作是否正常;
- 通过查阅保养手册或维修手册,能找出中控门锁系统各零部件或者总成的位置;
- 能描述中控门锁系统的作用和列举电动后视镜系统的组成。

【学习准备】

中控门锁系统台架、实训整车、维修手册、多媒体设备、互联网资源。

【建议课时】

4课时。

【学习过程】

〈学生信息页〉

一、中控门锁系统组成与位置

中控门锁系统一般由门锁开关、门锁控制器和门锁执行机构、中央门锁控制器、门锁天线等组成,如图6-1所示。

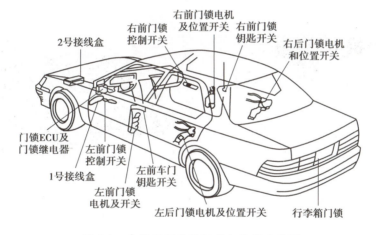

图 6-1 中控门锁系统组成与位置示意图

上锁和解锁开关可以对4个车门和行李箱进行集中控制(图6-2)。

用遥控器对车辆上锁或者解锁时,可以设定或者解除汽车的防盗功能(图6-3)。

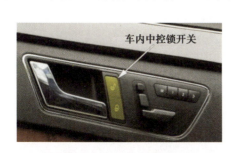

图 6-2 中控门锁开关

图 6-3 汽车遥控器

用机械钥匙对车辆上锁或者解锁时,只是控制了车门开和闭,但是不能让汽车进入或者解除防盗功能(图6-4)。

当车门儿童锁开关处于上锁状态时,在车内使用车门内把手不能开关车门,只能从外面打开车门(图6-5)。

图6-4　车门钥匙孔位置　　　　　　图6-5　车门儿童锁开关

车门上锁和解锁是靠门锁电动机的正转和反转来实现的。门锁电机是直流电动机(图6-6)。

门锁电机安装在门锁电机总成里,有些门锁电机内部设有车门开关。车门开关的作用是提供车门状态信号,监控车门的状态(图6-7)。

图6-6　门锁电机　　　　　　图6-7　门锁电机和门锁电机总成

二、中控门锁常见故障

中控门锁常见故障:自动锁止功能不正常、所有门锁不能工作、个别门锁不能工作、汽车遥控器不能控制车门。

〈学生工作页〉

一、根据实训车辆,检查中控门锁功能好坏并填写检查结果

车型	功能检查	检查结果
	车内上锁(使用中控锁开关控制)	
	车内解锁(使用中控锁开关控制)	
	车外上锁(使用遥控器控制)	
	车外解锁(使用遥控器控制)	
	车外上锁(使用车钥匙控制)	
	车外解锁(使用车钥匙控制)	

二、回答问题

1.结合图 6-8 的提示,回答下列问题。

图 6-8 汽车车门开关

位置:＿＿＿＿＿＿＿＿＿＿＿＿＿＿＿＿　　作用:＿＿＿＿＿＿＿＿＿＿＿＿＿＿＿＿＿＿

2.写出中控门锁系统的主要组成。

＿＿

＿＿

3.列举打开车门的 3 种方法。

第一种方法:＿＿＿＿＿＿＿＿＿＿＿＿＿＿＿＿＿＿＿＿＿＿＿＿＿＿＿＿＿＿＿＿＿＿＿

第二种方法:＿＿＿＿＿＿＿＿＿＿＿＿＿＿＿＿＿＿＿＿＿＿＿＿＿＿＿＿＿＿＿＿＿＿＿

第三种方法:＿＿＿＿＿＿＿＿＿＿＿＿＿＿＿＿＿＿＿＿＿＿＿＿＿＿＿＿＿＿＿＿＿＿＿

4.写出门锁电机总成的组成。

＿＿

【拓展学习】

门锁控制器是为门锁执行机构提供锁止/开启脉冲电流的控制装置。无论何种门锁执行机构都是通过改变执行机构通电电流方向控制连杆左右移动,实现门锁的锁止和开启。门锁控制器的种类很多,按其控制原理可分为晶体管式、车速感应式等。

晶体管式门锁控制器内部有 2 个继电器:一个控制车门上锁,一个控制车门解锁。继电器由晶体管开关电路控制,利用电容器的充放电过程控制一定的脉冲电流持续时间,使执行机构完成锁门和开门动作。

车速感应式装有一个车速为 10 km/h 的感应开关,当车速大于 10 km/h 时,若车门未上锁,驾驶员不需动手,门锁控制器可自动将门上锁。

1.中控门锁自动落锁跟车速是否有关?

2.中控门锁自动落锁跟踩下制动踏板是否有关?

3.儿童锁在汽车车门的什么位置?应怎样使用?

活动二　汽车中控门锁系统的检查

【学习目标】

- 能正确操作中控门锁开关,检查车门锁功能是否正常;
- 通过查阅使用手册或维修手册,能找出中控门锁系统各零部件或总成的位置;
- 能列举中控门锁系统的组成;
- 能读懂简单的中控门锁电路图。

【学习准备】

中控门锁系统台架、实训整车、维修手册、多媒体设备、互联网资源。

【建议课时】

4 课时。

【学习过程】

〈学生信息页〉

汽车中控门锁电路图,如图 6-9 所示。

1.门控开关(边门开关)介绍

门控开关有两种状态,分别对应车门的打开和关闭,如果车门为关闭状态,门控开关状态是闭合的;如果车门为打开状态,门控开关状态是断开的。

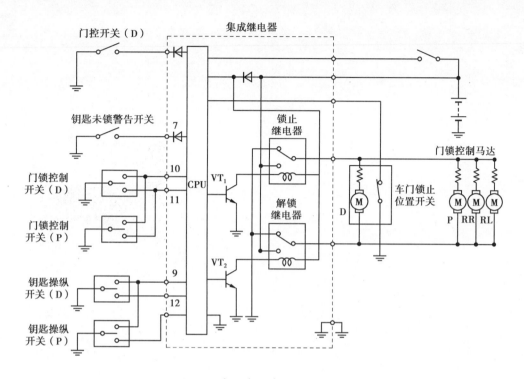

图 6-9　丰田威驰中控门锁电路图

2.钥匙未锁警告开关

钥匙未锁警告开关检测钥匙处在点火开关的状态,如果车钥匙放在钥匙孔,这个开关的状态是闭合的,否则这个开关的状态是断开的。

3.门锁控制开关

门锁控制开关是指驾驶员门锁主控开关,有两种状态:上锁和开锁。

4.钥匙操作开关

钥匙操作开关是指用车钥匙去解锁车门。

中控门锁一般有 3 种方法控制来操作 4 个车门上锁和解锁,第一种是通过遥控器上的上锁键和解锁键来控制车门的落锁或解锁;第二种是通过驾驶员侧的门锁控制开关来控制车门的落锁或解锁;第三种是通过机械车钥匙来控制车门的落锁或解锁。

中控门锁的控制原理:首先是车身电脑或者中控门锁控制器接受上锁和解锁信号,然后中控门锁控制器发出指令给各个门锁电机执行上锁和解锁的命令。

当 4 个车门执行了上锁和解锁的命令后,门控开关会把车门的状态反馈给车身电脑或者中控门锁控制器,以便检测汽车是否满足防盗状态。当 4 个车门都关好时,汽车可以进入防盗状态;如果 4 个车门中有一个车门没锁好,汽车不能进入防盗状态,有防盗喇叭的汽车此时会报警提示汽车不能正常进入防盗状态。

有些中控锁有时会受到车速的控制,当车速超过设定值时,车身电脑会自动控制车门落锁；有些中控锁还受到制动开关的控制，当踩下制动踏板时，车身电脑也会自动控制车门落锁。

〈学生工作页〉

一、边门开关的检查

边门开关状态	导通性	图例
关门		
开门		

二、钥匙未锁警告开关的检查

车钥匙位置	导通性	图例
钥匙在点火开关内		
钥匙不在点火开关内		

三、门锁控制开关的检查

门锁控制开关状态	导通性	图例
锁门开关按下		
解锁开关按下		

四、发动机舱盖开关的检查

发动机舱盖开关状态	导通性	好坏判断和处理意见
发动机盖开启		
发动机盖关闭		

五、行李箱锁芯开关的检查

行李箱锁芯开关状态	导通性	好坏判断和处理意见
UNLOCK		
LOCK		

活动三 汽车中控门锁不工作故障诊断方案的制订

【学习目标】

● 通过查阅保养手册或维修手册,能正确准备相关维修用具;

● 通过查阅保养手册或维修手册,能作好维修场地的准备工作;

● 通过查阅保养手册或维修手册,能列举出中控门锁系统各零部件或者总成拆装的步骤及注意事项。

【学习准备】

中控门锁系统台架、实训整车、维修手册、多媒体设备、互联网资源。

【建议课时】

4 课时。

【学习过程】

〈学生信息页〉

中控门锁系统工作不良的原因主要有汽车遥控器电池亏电、车门锁主控开关损坏、车门锁分控开关损坏、门锁控制电路保险丝烧断、门锁控制线路故障、个别门锁电机损坏、蓄电池电量不足。

〈学生工作页〉

一、汽车中控门锁不工作原因分析

请根据信息页的提示,将中控门锁不工作故障的原因填写到图 6-10 中的鱼骨图方框内。

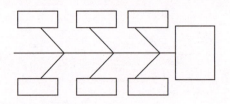

图6-10　汽车中控门锁不工作原因分析

二、汽车中控门锁不工作故障诊断流程的制订

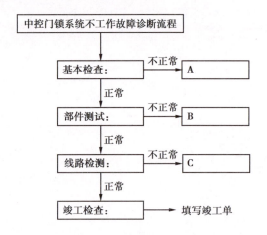

汽车中控门锁不工作故障诊断流程填写说明：

A：填写基本检查的具体项目，并记录检查的数据和写出处理意见。

_____

_____

B：填写部件测试的具体项目，并记录检查的数据和写出处理意见。

_____

_____

C：填写线路检测的具体项目，并记录检查的数据和写出处理意见。

_____

_____

【任务拓展】

　　情境描述：维修前台接到客户张先生电话，反映车辆左前门锁出现故障，遥控时不能进行开锁和上锁命令，其他门锁正常。请分析原因并写出诊断思路。

原因分析：

A：_____

B：_____

C：_____

诊断思路：

第一步：_____

第二步：_____

第三步：_____

活动四　汽车中控门锁系统零部件的拆装与更换

【学习目标】

● 能根据制订的汽车中控门锁系统零部件更换方案正确选用工量具,对汽车中控门锁系统的故障零部件(门锁电动机总成、门锁把手、车门锁芯等)进行就车拆卸。

● 能正确填写维修工单和维修过程记录单。

【学习准备】

中控门锁系统台架、实训整车、维修手册、多媒体设备、互联网资源。

【建议课时】

8 课时。

【学习过程】

〈学生信息页〉

一、更换汽车遥控器电池

更换汽车遥控器电池,如图 6-11 所示。

①按住遥控器机械钥匙锁止开关。

②取下遥控器内部机械钥匙。

③使用工具撬开遥控器塑料外壳。

④使用工具去除遥控器电池。

图 6-11　更换汽车遥控器电池的步骤图

备注:电动车窗主控开关的安装按照相反的顺序进行。

二、更换中控门锁电动机

更换中控门锁电动机的步骤,如图 6-12 所示。

①拆卸车门内把手固定螺丝。

②拆卸车门内饰板固定螺丝。

③拆卸车门锁芯固定螺丝。

④拆卸车门锁芯。

⑤拔下门锁电机总成电插头。

⑥取出门锁电机总成。

图 6-12　更换中控门锁电动机的步骤

　　备注：汽车中控门锁电机总成的安装按拆卸的相反顺序进行，不同的车型门锁电机总成的拆卸方法略微不同。拆卸时，最好参考对应车型维修手册的流程来完成操作。

〈学生工作页〉

一、结合实训车辆和信息页提示，完成电动车窗主控开关的检测

车型车系		
电动车窗主控开关	解锁线的颜色	
	上锁线的颜色	
门锁驱动类型	□中控门锁电动机	□双向压力泵
门锁电机电阻测量		
门锁电机工作电压	□5 V	□12 V
门锁电机总成拆装工具列举		

二、结合实训车辆和信息页提示，完成双向压力泵门锁的拆装

双向压力泵门锁的特点	①_____ ②_____
双向压力泵门锁安装主要步骤	工具准备：_____ 拆装主要步骤： ①_____ ②_____ ③_____ ④_____ ⑤_____ ⑥_____

三、结合实训车辆和信息页提示回答问题

车型车系	
遥控器电池更换主要步骤	工具准备：＿＿＿＿＿＿＿＿＿＿＿＿＿＿＿＿＿ 遥控器电池电压：＿＿＿＿＿＿＿＿＿＿＿＿＿ 拆装主要步骤： ①＿＿＿＿＿＿＿＿＿＿＿＿＿＿＿＿＿＿＿＿ ②＿＿＿＿＿＿＿＿＿＿＿＿＿＿＿＿＿＿＿＿ ③＿＿＿＿＿＿＿＿＿＿＿＿＿＿＿＿＿＿＿＿ ④＿＿＿＿＿＿＿＿＿＿＿＿＿＿＿＿＿＿＿＿

活动五　考核评价

【考核内容】

- 中控门锁系统理论认知的考核；
- 中控门锁系统实操能力的考核；
- 5S 管理意识的考核；
- 团队合作能力的考核；
- 口头表达能力的考核。

【建议课时】

4 课时。

【考核过程】

一、中控门锁系统作业记录表

学生姓名		班 级	
车辆信息 车辆型号		里程表/km	
车辆识别代码（VIN）			
发动机型号			

项 目	操作提示	填写检测结果或者数据
1.维修准备	检测小组进行合理分工	
2.工量具准备	常用和专用工具的准备	
3.安全检查	油、水、电的检查	
4.故障现象确认	主要检查仪表盘的报警灯	
5.确定故障范围	列举故障产生的原因	
6.基本检查	对故障系统进行初步检查	
7.部件测试	对被怀疑的部件进行部件测试,须注明元件名称/插接件代码、针脚编号和测量结果	
8.电路测量	对被怀疑的线路进行测量,须注明插件代码和编号,控制单元针脚代号以及测量结果	
9.故障部位确认和排除	根据上述所有检测结果,确定故障内容并注明: ①确定的故障是:_____ ②故障点的排除处理说明:_____	
10.竣工检查	维修后确认功能并填写结果	
11.5S 管理	维修完成后整理工具和设备	

二、中控门锁系统考核评分标准

课程名称				汽车中控门锁系统的检修			
学习任务名称	汽车中控门锁不工作		学生姓名				
评价项目	评价内容	分值/分		评分标准	得分/分	小计分数	扣分原因
专业能力	汽车中控门锁系统零部件位置查找	5		每漏一项扣1分			
	汽车中控门锁电路图识读	5		根据回答酌情扣分			
	汽车中控门锁系统保险丝、继电器的检查	5		不会检查不得分,检查方法不规范酌情扣分			
	汽车中控门锁总成线路的检查	5		检测思路不清晰、检测不规范酌情扣分			
	汽车中控门锁总成的更换	10		流程不正确每项扣1分			
	汽车中控门锁控制开关的更换	5		每漏一项扣1分;操作不规范每项扣1分			
	汽车车门开关的检查与更换	10		操作不规范每项扣1分			
	蓄电池的检查	5		操作不规范每项扣1分			
	油、水、电的安全检查	5		每漏一项扣1分			
	维修前的工量具准备	5		每漏一项扣1分;操作不规范每项扣1分			
通用能力	能读懂任务书,与客户或维修主管进行有效沟通,记录关键内容,整理客户需求	5		没有沟通扣2分;沟通不到位扣1分;无记录扣2分			
	能查阅相关维修资料,获取汽车中控门锁不工作的维修等信息	5		没有查阅扣3分,查阅方法不对扣2分			
	能从满足客户功能需求、使用价值和企业工作规范、安全性、环保性、成本效益等角度考虑	5		完全不符合每项扣1分			
	能及时有效地解决维修过程中的突发问题	5		完全没有解决扣3分;解决不及时扣2分;无突发问题不扣分			
	能对已完成的工作进行记录存档、评价和反馈	5		无记录扣2分			
	在维修过程中保持5S、三不落地,完工后对工位进行恢复整理	5		零件、工具、油水落地每项扣1分;5S整理每漏一项扣1分			
	表述仪态自然、吐字清晰、思路清晰,且与实际相符	5		仪态不自然、吐字不清、思路不清晰每项扣1分;表述与实际不符扣1分			
	分工明确,团队合作融洽	5		分工不明确扣2分;团队合作不融洽扣2分			
总　分							

三、汽车中控门锁系统专业知识理论考核

1. 当汽车蓄电池电量不足时,(　　)使用汽车遥控器车门上锁。

    A.可以　　　　　　　　　　　　B.不可以

2. 当汽车蓄电池电量不足时,(　　)使用汽车机械钥匙锁车门。

    A.可以　　　　　　　　　　　　B.不可以

3. 汽车遥控器纽扣电池的电压为(　　)。

    A.12 V　　　　　　　　　　　　B.3 V

4. 汽车车门儿童锁起作用时,车门只能从(　　)打开。

    A.车内　　　　　　　　　　　　B.车外

5. 汽车车门门锁处的边门开关的作用(　　)。

    A.检测车门状态　　　　　　　　B.控制车内灯

6. 汽车车门锁电机总成内部开关的作用(　　)。

    A.检测车门状态　　　　　　　　B.控制车内灯

7. 当某扇车门没有关好时,按下遥控器上锁键,汽车(　　)进入防盗状态。

    A.不能　　　　　　　　　　　　B.能够

8. 汽车的防盗喇叭就是汽车电喇叭(　　)。

    A.正确　　　　　　　　　　　　B.错误

9. 点火开关钥匙未锁警告开关的作用是(　　)。

    A.检测点火开关是否有钥匙插入　　B.检测点火开关的好坏

10. 有些中控锁有时会受到车速的控制,当车速超过设定值时,车身电脑会自动控制车门落锁(　　)。

    A.错误　　　　　　　　　　　　B.正确

学习任务七 | 汽车电动后视镜系统的检修

【学习目标】

- 能正确操作电动后视镜开关,检查电动后视镜功能是否正常;
- 通过查阅保养手册或维修手册,能找出电动后视镜系统各零部件或者总成的位置;
- 通过查阅保养手册或维修手册,能列举出电动后视镜系统各零部件或者总成拆装的步骤及注意事项;
- 能规范实施电动后视镜系统各零部件或总成拆装与更换;
- 能完成工作页和维修工单的填写。

【任务分解】

- 更换电动后视镜控制开关;
- 更换电动后视镜电机总成。

【教学活动】

活动一　汽车电动后视镜系统信息收集

活动二　汽车电动后视镜系统的检查

活动三　汽车电动后视镜不工作故障诊断方案的制订

活动四　汽车电动后视镜系统零部件的拆装与更换

活动五　考核评价

【建议课时】

20 课时。

【情境引入】

　　维修前台接到客户张先生电话,反映车辆电动后视镜系统出现故障,按下电动后视镜开关发现后视镜不能控制。经技术人员确定是电动后视镜电动机故障导致的,请查看维修手册,在规定的时间内完成对电动后视镜电动机的更换,完成后交付班长验收。

活动一　汽车电动后视镜系统信息收集

【学习目标】

- 能正确操作电动后视镜开关,检查电动后视镜系统工作是否正常;
- 通过查阅保养手册或维修手册,能找出电动后视镜系统各零部件或者总成的位置;
- 能描述电动后视镜系统的作用和列举电动后视镜系统的组成。

【学习准备】

电动后视镜系统台架、实训整车、维修手册、多媒体设备、互联网资源。

【建议课时】

4 课时。

【学习过程】

〈学生信息页〉

一、电动后视镜系统组成

电动后视镜电机总成主要由电动后视镜镜片、驱动电机、后视镜安装罩等组成(图 7-1)。它是通过电动后视镜开关来调整左右外侧后视镜，L 代表左侧，R 代表右侧，左右后视镜要分开调整，可对后视镜镜片位置进行左右上下微调。

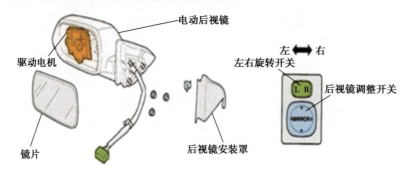

图 7-1　电动后视镜电机总成分解图

二、电动后视镜使用注意事项

(1)判断从乘客侧的外侧后视镜中看到的任何物体的尺寸和距离时，须注意：凸面镜中看到的物体较从平面镜中看到的物体要小，距离也较近。

(2)在车辆行驶中，不得调节后视镜，以防止驾驶员对车辆的操纵失误以及由于意外事故而导致人员受伤。

(3)后视镜的折叠，在泊车时可把整个壳体向车体后方搬动，使镜面靠近车体，防止其他车辆或人员与之相撞。

(4)不得在后视镜处于向后折叠的情况下驾驶车辆。在驾驶前，驾驶员侧和乘客侧的后视镜必须被打开并调节到正确位置。

三、电动后视镜常见故障

电动后视镜常见故障有所有按键都无效、部分按键不起作用、工作有噪声和无折叠功能等。

〈学生工作页〉

根据实训车辆,检查电动后视镜功能好坏并填写检查结果。

功　能	检查项目	工作情况
左侧后视镜	上下调整	
	左右调整	
右侧后视镜	上下调整	
	左右调整	
后视镜折叠	左、右后视镜	
加热功能	左、右后视镜	

左图名称:(　　　　　　　　　　　　　)

左图 1 功能:(　　　　)　　左图 2 功能:(　　　　)

左图 3 功能:(　　　　)　　左图 4 功能:(　　　　)

左图名称:(　　　　　　　　　　　　　)

作用:

左图名称:(　　　　　　　　　　　　　)

作用:

【拓展学习】

1.有些后视镜上有小圆镜(图 7-2),小圆镜的作用是什么?

图 7-2　带圆镜的车外后视镜

2.图 7-3 中的电动后视镜的加热功能是如何实现的？

图 7-3　汽车电动后视镜开关

活动二　汽车电动后视镜系统的检查

【学习目标】

- 能正确操作电动后视镜开关,检查车门锁功能是否正常;
- 通过查阅使用手册或维修手册,能找出电动后视镜系统各零部件或总成的位置;
- 能列举电动后视镜系统的组成;
- 能读懂简单的电动后视镜电路图。

【学习准备】

电动后视镜系统台架、实训整车、维修手册、多媒体设备、互联网资源。

【建议课时】

4 课时。

【学习过程】

〈学生信息页〉

电动后视镜加热功能控制原理(图 7-4):通过后视镜镜片后部的加热电阻通电发热来实现除霜的作用,发动机舱 DEF 继电器收到空调放大器的总成控制,当按下除霜按钮时,空调放大器控制 DEF 继电器的线圈搭铁,DEF 继电器工作内部开关闭合,通过仪表盘接线盒上的 HTR 保险丝给左右后视镜镜片加热。

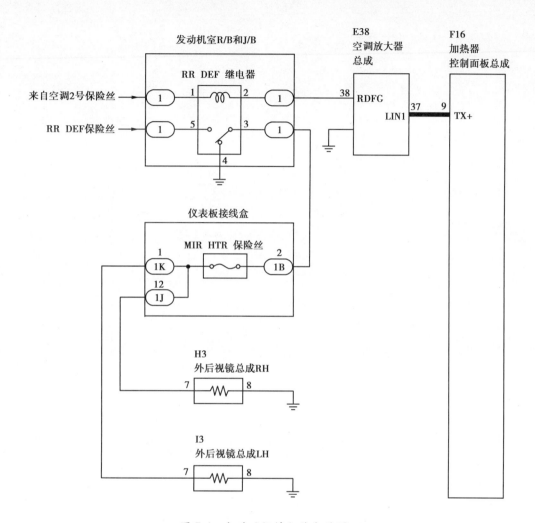

图 7-4　电动后视镜加热电路图

图 7-5 为电动后视镜控制电路图,其中,MH 为水平调整电机端子;MV 为上下调整电机端子;M+为调节电机开关端子;MR,MF 为折叠电机端子。

电动后视镜左右调整控制原理:

①当按下左右调整按钮时,电流经过电动后视镜开关(MLH 端子),到达后视镜的左右驱动电机(MH 端子、M+),然后回到后视镜开关搭铁(E)。

②当按下上下调整按钮时,电流经过电动后视镜开关(MLV 端子),到达后视镜的上下驱动电机(MV 端子、M+),然后回到后视镜开关搭铁(E)。

③当按下折叠按钮时,电流经过电动后视镜开关(MR 端子),到达后视镜的折叠电机(MR 端子、M+),然后回到后视镜开关搭铁(E)。

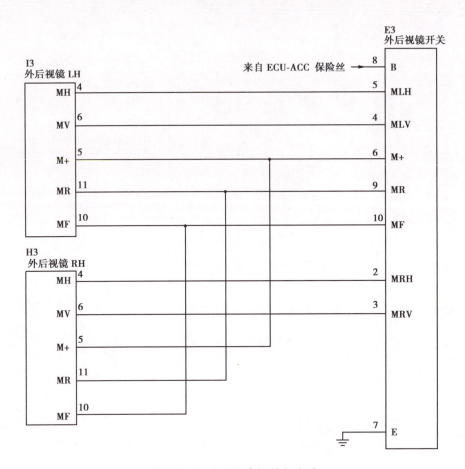

图 7-5　电动后视镜控制电路图

〈学生工作页〉

一、电动后视镜电机的检查

检查项目	测量数据	好坏判断和处理意见
水平调整电机电阻		
上下调整电机电阻		
水平调整电机通电试验		
上下调整电机通电试验		
折叠电机电阻		
折叠电机通电试验		

二、电动后视镜控制开关及线路检查

检查项目	测量数据	好坏判断和处理意见
电动后视镜系统保险丝检查		
开关供电的检查		
开关到左后视镜线路的检查		
开关到右后视镜线路的检查		
折叠端子线路检查		

三、电动后视镜加热开关及线路检查

检查项目	测量数据	好坏判断和处理意见
电动后视镜加热保险丝的检查		
电动后视镜加热继电器的检查		
后视镜总成加热端子线路检查		

活动三　汽车电动后视镜不工作故障诊断方案的制订

【学习目标】

　　● 通过查阅保养手册或维修手册,能正确准备相关维修用具;

　　● 通过查阅保养手册或维修手册,能作好维修场地的准备工作;

　　● 通过查阅保养手册或维修手册,能列举出电动后视镜系统各零部件或者总成拆装的步骤及注意事项。

【学习准备】

　　电动后视镜系统台架、实训整车、维修手册、多媒体设备、互联网资源。

【建议课时】

　　4 课时。

【学习过程】

〈学生信息页〉

　　电动后视镜系统工作不正常的原因主要有电机损坏、电机卡滞、电机线路故障、开关损坏、保险丝损坏、加热继电器损坏。

　　排除汽车电动后视镜工作不正常时，要根据具体故障具体分析，查找故障时按照从易到难的顺序进行，及时调整诊断思路，总结诊断经验，提高诊断效率。

〈学生工作页〉

一、汽车电动后视镜不工作原因分析

　　请根据信息页的提示，把汽车电动后视镜不工作故障的原因填写到图 7-6 中的鱼骨图方框内。

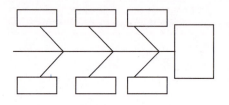

图 7-6　汽车电动后视镜不工作原因分析

二、电动后视镜不工作故障诊断流程的制订

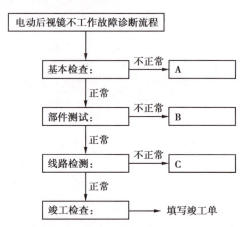

汽车电动后视镜不工作故障诊断流程填写说明：

A：填写基本检查的具体项目，并记录检查的数据和写出处理意见。

_____

_____

B：填写部件测试的具体项目，并记录检查的数据和写出处理意见。

_____

_____

C：填写线路检测的具体项目，并记录检查的数据和写出处理意见。

_____

_____

【任务拓展】

　　情境描述:维修前台接到客户张先生电话,反映车辆电动后视镜折叠功能故障,后视镜控制开关其他按键都正常,请分析原因并写出诊断思路。

原因分析:

A:＿＿＿＿＿＿＿＿＿＿＿＿＿＿＿＿＿＿＿＿＿＿＿＿＿＿＿＿＿＿＿＿＿＿＿

B:＿＿＿＿＿＿＿＿＿＿＿＿＿＿＿＿＿＿＿＿＿＿＿＿＿＿＿＿＿＿＿＿＿＿＿

C:＿＿＿＿＿＿＿＿＿＿＿＿＿＿＿＿＿＿＿＿＿＿＿＿＿＿＿＿＿＿＿＿＿＿＿

诊断思路:

第一步:＿＿＿＿＿＿＿＿＿＿＿＿＿＿＿＿＿＿＿＿＿＿＿＿＿＿＿＿＿＿＿＿

第二步:＿＿＿＿＿＿＿＿＿＿＿＿＿＿＿＿＿＿＿＿＿＿＿＿＿＿＿＿＿＿＿＿

第三步:＿＿＿＿＿＿＿＿＿＿＿＿＿＿＿＿＿＿＿＿＿＿＿＿＿＿＿＿＿＿＿＿

活动四　汽车电动后视镜系统零部件的拆装与更换

【学习目标】

　　● 能根据制订的汽车电动后视镜系统零部件更换方案正确选用工量具,对汽车电动后视镜系统的故障零部件(电动后视镜控制开关、电动后视镜电机总成等)进行就车拆卸;

　　● 能正确填写维修工单以及维修过程记录单。

【学习准备】

　　电动后视镜系统台架、实训整车、维修手册、多媒体设备、互联网资源。

【建议课时】

　　8 课时。

【学习过程】

〈学生信息页〉

一、更换电动后视镜控制开关

　　更换电动后视镜控制开关的步骤如图 7-7 所示。

①拆卸车门护板。

②拆卸车门护板固定螺丝。

③取下车门。

④拔下车门后面的电插头。

⑤拆卸后视镜开关固定螺丝。

⑥取下后视镜开关总成。

图 7-7　更换电动后视镜控制开关的步骤

　　备注:汽车电动后视镜控制开关的更换方法因开关安装位置的不同而不同。

二、更换电动后视镜电机总成

　　更换电动后视镜电机总成的步骤如图 7-8 所示。

①拆卸车门扶手开关板。

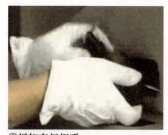

②拆卸车门把手。

③拆卸车门护板固定螺丝。

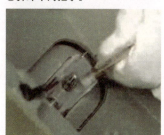

④拆下门灯电插头。

⑤拆卸车门三角形内护板。

⑥拆卸电动后视镜总成固定螺丝。

⑦拆卸车门内电动后视镜电插头。

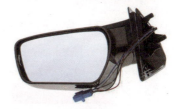

⑧取出电动后视镜总成。

图 7-8　更换电动后视镜电机总成的步骤

备注:电动后视镜电机总成可以整体更换,如果只是后视镜镜片损坏也可以单独更换。

〈学生工作页〉

一、结合实训车辆和信息页提示,完成汽车电动后视镜开关的检测和更换

车型车系	回答问题	
1.电动后视镜开关工作电压	□5 V	□12 V
2.电动后视镜开关拆装工具列举		
3.电动后视镜开关更换后功能测试情况		

二、结合实训车辆和信息页提示,完成汽车电动后视镜电机总成的更换

电动后视镜电机 总成安装	工具准备:＿＿＿＿＿＿＿＿＿＿＿＿＿＿＿＿ 拆装主要步骤: ①＿＿＿＿＿＿＿＿＿＿＿＿＿＿＿＿＿＿＿ ②＿＿＿＿＿＿＿＿＿＿＿＿＿＿＿＿＿＿＿ ③＿＿＿＿＿＿＿＿＿＿＿＿＿＿＿＿＿＿＿ ④＿＿＿＿＿＿＿＿＿＿＿＿＿＿＿＿＿＿＿ ⑤＿＿＿＿＿＿＿＿＿＿＿＿＿＿＿＿＿＿＿ ⑥＿＿＿＿＿＿＿＿＿＿＿＿＿＿＿＿＿＿＿

活动五　考核评价

【考核内容】

- 电动后视镜系统理论认知的考核；
- 电动后视镜系统实操能力的考核；
- 5S 管理意识的考核；
- 团队合作能力的考核；
- 口头表达能力的考核。

【建议课时】

4 课时。

【考核过程】

一、电动后视镜系统作业记录表

学生姓名		班　级	
车辆信息 车辆型号		里程表/km	
车辆识别代码（VIN）			
发动机型号			

项　目	操作提示	填写检测结果或者数据
1.维修准备	检测小组进行合理分工	
2.工量具准备	常用和专用工具的准备	
3.安全检查	油、水、电的检查	
4.故障现象确认	主要检查仪表盘的报警灯	
5.确定故障范围	列举故障产生的原因	
6.基本检查	对故障系统进行初步检查	
7.部件测试	对被怀疑的部件进行部件测试，须注明元件名称/插接件代码、针脚编号和测量结果	

续表

项　目	操作提示	填写检测结果或者数据
8.电路测量	对被怀疑的线路进行测量,须注明插件代码和编号,控制单元针脚代号以及测量结果	
9.故障部位确认和排除	根据上述所有检测结果,确定故障内容并注明: ①确定的故障是:＿＿＿＿＿＿＿＿＿＿＿ ②故障点的排除处理说明:＿＿＿＿＿＿＿＿＿	
10.竣工检查	维修后确认功能并填写结果	
11.5S 管理	维修完成后整理工具和设备	

二、电动后视镜系统考核评分标准

课程名称				汽车电动后视镜系统的检修				
学习任务名称	汽车电动后视镜不工作		学生姓名					
评价项目	评价内容	分值/分		评分标准		得分/分	小计分数	扣分原因
专业能力	汽车电动后视镜系统零部件位置查找	5		每漏一项扣1分				
	汽车电动后视镜电路图识读	5		根据回答酌情扣分				
	汽车电动后视镜系统保险丝、继电器的检查	5		不会检查不得分,检查方法不规范酌情扣分				
	汽车电动后视镜总成线路的检查	5		检测思路不清晰、检测不规范酌情扣分				
	汽车电动后视镜总成的更换	10		流程不正确每项扣1分				
	汽车电动后视镜控制开关的检查与更换	10		每漏一项扣1分;操作不规范每项扣1分				
	更换车外后视镜镜片	5		操作不规范每项扣1分				
	蓄电池的检查	5		操作不规范每项扣1分				
	油、水、电的安全检查	5		每漏一项扣1分				
	维修前的工量具准备	5		每漏一项扣1分;操作不规范每项扣1分				

续表

评价项目	评价内容	分值/分	评分标准	得分/分	小计分数	扣分原因
通用能力	能读懂任务书,与客户或维修主管进行有效沟通,记录关键内容,整理客户需求	5	没有沟通扣2分;沟通不到位扣1分;无记录扣2分			
	能查阅相关维修资料,获取汽车电动后视镜不工作的维修等信息	5	没有查阅扣3分,查阅方法不对扣2分			
	能从满足客户功能需求、使用价值和企业工作规范、安全性、环保性、成本效益等角度考虑	5	完全不符合每项扣1分			
	能及时有效地解决维修过程中的突发问题	5	完全没有解决扣3分;解决不及时扣2分;无突发问题不扣分			
	能对已完成的工作进行记录存档、评价和反馈	5	无记录扣2分			
	在维修过程中保持5S、三不落地,完工后对工位进行恢复整理	5	零件、工具、油水落地每项扣1分;5S整理每漏一项扣1分			
	表述仪态自然、吐字清晰、思路清晰,且与实际相符	5	仪态不自然、吐字不清、思路不清晰每项扣1分;表述与实际不符扣1分			
	分工明确,团队合作融洽	5	分工不明确扣2分;团队合作不融洽扣2分			
总　分						

三、电动后视镜系统专业知识理论考核

1.汽车左边和右边电动后视镜的调整是(　　　)。

　　A.分开调整　　　　　　　　B.一起调整

2.当汽车电动后视镜开关损坏时,可以进行手动调整(　　　)。

　　A.正确　　　　　　　　B.错误

3.当汽车电动后视镜有折叠功能时,需要多出一组电机来控制(　　　)。

　　A.正确　　　　　　　　B.错误

4.汽车电动后视镜的加热除霜功能是靠汽车空调开暖气来实现的(　　　)。

　　A.正确　　　　　　　　B.错误

5.下列关于汽车电动后视镜的镜片更换的说法,正确的是(　　　)。

　　A.可单独更换　　　　　　　　B.必须更换电动后视镜总成

6.一些车主的后视镜上小圆镜的作用是(　　　)。

A.装饰　　　　　　　　　B.倒车看盲区

7.使用汽车电动后视镜时,(　　)打开点火开关。

A.需要　　　　　　　　　B.不需要

8.有些中高档汽车使用遥控器可以锁车门,同时还可以让汽车的电动后视镜折叠起来(　　)。

A.正确　　　　　　　　　B.错误

9.汽车车外电动后视镜镜片的亮度可以随光线的强弱自动调节(　　)。

A.正确　　　　　　　　　B.错误

10.汽车电动后视镜总成里的电动机是(　　)。

A.直流电动机　　　　　　B.交流电动机

参考文献

［1］全国职业教育规划教材编审委员会组织编写.汽车电气设备构造与维修［M］.天津:南开大学出版社,2013.

［2］杨旭.汽车电气维修(上)［M］.北京:机械工业出版社,2013.